L'orco e l'uomo premevano per essere sistemati
ognuno nel proprio mondo e le mie difese, alte cinque anni,
cominciavano a mostrare qualche segno di cedimento.
Ma io non potevo comprendere quanto, nella realtà,
il mondo dei mostri si fosse fuso con quello degli uomini
proprio lì, nella mia caserma.

ESPERIENZE

43

Ursula Rütter Barzaghi

UN BAMBINO PIANGE ANCORA

TEA

TEA - Tascabili degli Editori Associati S.p.A.
Corso Italia, 13 - 20122 Milano
www.tealibri.it

Prima edizione TEA Esperienze gennaio 2004

Ristampe: 10 9 8 7 6 5 4 3 2 1
2008 2007 2006 2005 2004

UN BAMBINO PIANGE ANCORA

Introduzione

È stato sorprendente scoprire come molti eventi che per me sono stati importanti non siano nemmeno ricordati dalle mie sorelle. Forse, per recuperare le esperienze del passato, conservate in quel misterioso scrigno che è la memoria, ciascuno possiede una sua chiave di accesso. La mia gira nella toppa da sessantatré anni, liberando ricordi che, messi alla prova, spesso si rivelano poco attendibili.

Ne ho avuto la dimostrazione quando ho incontrato mia sorella Renate, che da alcuni anni vive in Spagna, e abbiamo parlato del mio libro che stavo rivedendo. Renate mi fece notare la confusione che facevo tra soldati della Wehrmacht e membri delle SS, e stentava a credermi quando affermavo di non aver saputo che nostro padre era nelle SS. Se così fosse, anche la caserma di Lubln (oggi Longeville, presso St-Avold, in Lorena), dove lui prestò servizio come istruttore, apparteneva alle SS.

A quel luogo mi riconducono i miei primi ricordi. La guerra stava distruggendo uomini e paesi, eppure, se non fosse stato per i racconti degli adulti, quasi non me ne sarei accorta. Avevo cinque anni e non sapevo distinguere la divisa di un generale da quella di un portiere d'albergo.

La fiducia che avevo riposto nella mia memoria stava sva-

nendo e per qualche momento ho pensato che fosse il caso di abbandonare tutto e rimettere la faticosa ricostruzione dei miei primi diciassette anni di vita nel cassetto dove già l'avevo infilata quattordici anni prima.

Avevo deciso di mettermi a scrivere quando avevo cominciato a rendermi conto che l'AIDS, inesorabile, si sarebbe portato via mio figlio.

Dopo trent'anni di matrimonio, tre figli ormai adulti, mi ero trovata improvvisamente a dover affrontare una tragedia famigliare, annunciata dall'esito di un semplice esame del sangue. La mia vita di casalinga senza frustrazioni si era trasformata in un calvario. E l'idea di un figlio senza futuro era diventata un incubo insopportabile.

Per arginare il dolore, avevo preso carta e penna ed ero tornata bambina. La motivazione di allora oggi mi pare poco plausibile; di certo non era l'unica. Forse era stato un bambino, che molti anni prima piangeva nei miei sogni, a guidare la mia mano.

A metà degli anni Ottanta l'ignoranza sull'AIDS permeava l'intera società. In relazione alla trasmissione del virus dell'HIV per via sessuale, questa nuova malattia era considerata un flagello che colpiva prevalentemente gli omosessuali. E mio figlio Enrico lo era. Avevo accettato con serenità il suo modo di essere, ma poi era bastato un foglio con su scritto « HIV positivo » per farmi sentire parte di una minoranza discriminata, impotente nei confronti dei pregiudizi e di una paura irrazionale, propria e altrui.

La paura è sempre stata un efficace concime per la coltivazione del razzismo e di altre forme di intolleranza. E non soltanto nell'animo dei bambini o delle persone poco istruite. Leggere Goethe, ascoltare Mozart o studiare medicina non immunizza contro la xenofobia: l'ha dimostrato il com-

portamento inqualificabile della borghesia tedesca durante il nazismo.

Rileggere i miei ricordi dopo quattordici anni, riconoscere i miei pregiudizi persino nell'individuare e rievocare la vera ragione che mi aveva spinta a scriverli è stata un'esperienza molto particolare.

E proprio quando pensavo di aver saldato i conti ancora aperti, ecco che arriva Renate con le sue rivelazioni; la fuga davanti alla verità non si era mai interrotta.

Per salvare il salvabile ho subissato mia sorella di domande cercando nel passato ricordi sui quali potevamo, più o meno, concordare. A Lubln lei aveva dieci anni e, se non fosse per quel suo rancore ancora intenso nei riguardi di nostro padre, avrei dovuto fidarmi della sua memoria. Credo che non si rendesse neppure conto di rievocare sempre e soltanto i momenti più sciagurati della nostra travagliata gioventù.

«SS Polizei Division», la sentii ripetere più volte, come se il suono di quelle parole l'aiutasse a richiamare alla mente il passato. «Non posso sbagliarmi», diceva, «è l'unica definizione di quel luogo che ricordo.»

Dell'uniforme di papà ricordava che aveva una fascia sulla manica e che non era di colore scuro. Mi raccontò anche che alcuni anni dopo la guerra nostro padre si era rifiutato di volare con la compagnia di bandiera russa, l'Aeroflot, per timore che qualcuno potesse scoprire il tatuaggio che portava sul braccio. Già in passato aveva provato a raschiarlo via, ma invano: era un marchio indelebile. Io non sapevo nemmeno che avesse un tatuaggio, d'altronde lui non si spogliava mai davanti a nessuno.

Nel 1986 Renate venne a sapere che era stato convocato da un tribunale tedesco per rispondere di fatti accaduti du-

rante la guerra. A quel tempo però era già molto malato e la cosa non ebbe seguito. Questo non me l'aveva mai raccontato.

Scavando nel passato, Renate mi parlava sempre di nostro padre tra le mura domestiche, una presenza tanto ingombrante da cancellare quasi del tutto dalla sua memoria l'uomo in uniforme. Come me, anche lei aveva vissuto, sognato e giocato sempre in difesa, sul campo minato dalla cintura dei pantaloni di nostro padre. Dovendo sottostare a certe prepotenze, in un ambiente culturalmente poco stimolante, abbiamo imparato presto a non fare domande. La curiosità era imbrigliata e l'unico obiettivo era quello di non dare nell'occhio, per salvare il deretano e garantirsi una cena.

Qualche volta tuttavia la coscienza si lasciava scappare un «perché» da incubo. Io però lo nascondevo tra le favole, o lo restituivo al nemico delatore e malintenzionato. Ero o no figlia, nipote, alunna e vicina di casa di nazisti, con un «ex» fresco di nomina?

Mia sorella mostrava una certa insofferenza nell'ascoltare i miei ragionamenti, per lei i crimini di papà erano quelli consumati in famiglia e basta. Non voleva perdere il sonno rimuginando sul perché milioni di persone, come la mamma, fossero state a guardare mentre milioni di innocenti venivano umiliati, internati e massacrati.

Improvvisamente a Renate tornò in mente che, durante uno dei viaggi in Germania che faceva ogni anno, aveva fatto una deviazione con lo scopo di rivedere la nostra caserma. L'aveva ritrovata, anche se ristrutturata, sostanzialmente come se la ricordava. Andò a prendere le fotografie che aveva scattato nell'occasione e me le mostrò.

Se nei miei ricordi l'ubicazione di alcuni edifici tra le mura della caserma risulta diversa, i fatti da me raccontati non ne escono in alcun modo pregiudicati. La faccenda però cambia quando definisco «soldati» quelli che probabilmente erano reclute e membri delle SS, poiché la mia responsabilità si sposta verso la storia in generale. Dal momento che per scrivere questo libro ho frugato soltanto nella mia memoria, e l'errore ne fa parte, devo provvedere a correggerlo almeno qui, in questa introduzione.

Ho provato a ricostruire la mia storia di bambina, cresciuta come tanti altri della mia generazione sotto una cappa di silenzi stesa dagli adulti sulle loro colpe. Quella cappa, oltre a ostacolare la giustizia, ha reso difficile anche la comunicazione tra genitori e figli. Ma attraverso gli inevitabili strappi, un bambino si è presentato nel mio sogno e mi ha raccontato tutto.

Urlando, ho cercato di cacciarlo dalle mie notti, ma lui era saldamente aggrappato alla mia coscienza. E soltanto quando sono stata capace di piangere per lui mi ha lasciato in pace.

Quando ho deciso di scrivere, non pensavo che mio padre sarebbe saltato fuori a ogni pagina, tanto da diventare il protagonista del mio racconto. Soltanto in seguito, guardando i documentari che la televisione trasmetteva in tarda serata sul nazismo, ho deciso di aggiungere alcuni ricordi che quattordici anni fa avevo censurato. Così facendo, i sospetti che avevo sollevato su di lui si sono aggravati, ma ho il presentimento che la verità sia ancora peggiore. Da qualche parte le prove ci sono, ne sono certa, anche se non le ho ancora cercate.

La mia ignoranza sul periodo nazista sarà pure patologica, e ciò non cambia il fatto che, quando ho iniziato a scrivere, era abissale. La passione per la storia antica mi ha portato a leggere, da Erodoto a Leonard Woolley, tutto quello che mi è capitato a portata di mano, ignorando ostinatamente il secolo che si è appena concluso. La sindrome dello struzzo ha condizionato anche le mie scelte in campo musicale: ho cominciato ad apprezzare la musica di Wagner soltanto da quando sono stata costretta da un amico ad ascoltare un brano del Tristano e Isotta. *Avevo rifiutato Wagner come individuo, considerando la sua esaltazione dei miti germanici come un preludio della tragedia che pochi decenni più tardi si sarebbe abbattuta su milioni di esseri umani. Una tragedia con troppi spettatori che ascoltavano in silenzio mentre mostri abominevoli declamavano le loro ignobili bestialità.*

Mi è molto difficile dare credito a chi sostiene di non aver saputo cosa stesse accadendo in Germania quando io, bambina di soli cinque anni, conoscevo persino i dettagli delle persecuzioni perpetrate dai nazisti. Se ne parlava, altrimenti come si spiega la mia paura degli ebrei, la certezza che si nascondessero persino nella nostra caserma, la convinzione che venissero catturati per essere portati con un treno in «prigione». Da dove trae origine quello spaventoso incubo sugli zingari?

Pur considerando che una caserma della polizia, o delle SS possa essere un luogo «privilegiato» per captare certe notizie, io ricordo soltanto la zona residenziale, e quella non era sicuramente vietata a parenti e amici di coloro che vi abitavano.

Milano, 2003

U.R.B.

1

Completato l'apprendistato di capomastro nell'impresa di suo zio, mio padre lasciò il suo paesino, nel cuore della Westfalia agricola, per cercare fortuna in una grande città. Agl'inizi degli anni Trenta entrò nella polizia e fece rapidamente una discreta carriera, dovuta, presumo, all'incondizionata adesione al nazismo. A Düsseldorf conobbe mia madre e dopo un breve periodo di fidanzamento la sposò.

Durante i primi cinque anni di matrimonio i miei genitori misero al mondo le mie sorelle Renate e Irene, e nel 1939 arrivai io, insieme con la guerra. Cominciavo a muovere i primi passi quando mia madre diede alla luce Heinrich, il tanto atteso maschio. Nel 1944 nacque mia sorella Eva, con un dentino già spuntato, e la nostra numerosa famiglia fu completa. Questo lieto evento è forse il mio ricordo più antico: il «forse» è d'obbligo perché la mia memoria, imprevedibile come la roulette, estrae i ricordi alla rinfusa trascurando di porli nella giusta sequenza.

Il fatto che lo possa raccontare, è merito di zia Alwine, sorella di mia madre. Da bambina, infatti, non mi stancavo mai di sentirla narrare nei minimi dettagli la storia della nascita di mia sorella Eva. Quando veniva a farci visita, era lei che mi metteva a letto alla sera, e io approfittavo sempre dell'occasione per fargliela ripetere ancora una volta.

Con voce grave e corrugando la fronte cominciava dicendo che quella mattina del 19 febbraio ero molto, molto arrabbiata. Zia Alwine stava preparando la colazione quando vide la mia faccia imbronciata spuntare dalla porta. Ero arrabbiata col mondo intero perché nessuno aveva mantenuto la promessa di venire a svegliarmi quando fosse arrivata la cicogna. Dopo tutto avevo già quattro anni, mentre Heinrich ne aveva soltanto tre, eppure mi trattavano come se fossi la più piccola. Ora, di là in soggiorno, c'era la sorellina insieme alla mamma, e io non potevo vederli.

Seduta a tavola, cominciai a dondolare e battere i piedi contro le gambe della sedia, ma la zia m'invitò gentilmente a smetterla per evitare di svegliare la sorellina. Risposi stizzita che di « quella » non m'importava niente, io volevo vedere la cicogna. La melassa stava colando dal panino e, infastidita per le mani appiccicose, lo buttai sul tavolo. In quel momento la mamma entrò in cucina, ma io ebbi occhi soltanto per la grande macchia di sangue che risaltava sinistramente sulla camicia da notte bianca. Trattenni di colpo il respiro.

La zia accorse e mi scosse energicamente per le spalle, gridando: « Respira stupidina, respira! »

Ero ormai viola quando finalmente l'urlo esplose. Intanto la mamma, strisciando i piedi per terra, si era avvicinata a piccoli passi. Mi prese per mano e, facendomi cenno con un dito di fare silenzio, mi guidò davanti alla culla. « Sciocchina, apri gli occhi e guarda quanto è bella la tua sorellina », disse ridendo. La curiosità ebbe il sopravvento e abbassai la testa per guardarla. A me, madre orgogliosa di Marika dalla testa di porcellana, bastò una sbirciata per decidere che la mia bambola era molto più bella di Eva. E di questa scoperta non ne feci un segreto.

Guardandomi intorno, notai che quasi tutto nella stanza era stato spostato. Il divano si era magicamente trasformato in un letto e il tavolo, coperto da un telo bianco, assomigliava a quello dell'infermeria della caserma. Di penne bianche o di un fagotto vuoto nemmeno l'ombra. Vagando con lo sguardo incrociai quello di zia Alwine che dalla porta aveva seguito la scena e, ricordandomi di essere arrabbiata, rimisi prontamente il broncio.

Ma poi, quando la mamma sospirando si sdraiò sul letto, seguii docilmente la zia e lasciai che mi preparasse per uscire, facendomi indossare il cappotto. Poco dopo ripiombai in casa per domandare alla zia se la cicogna che per sbaglio aveva beccato la gamba alla mamma era la stessa che aveva portato anche me. « Sicuro », rispose lei tutta seria, « mi ha anche detto di salutarti. »

Ci pensai un istante prima di domandare: « Zia, è vero che le cicogne non dicono bugie? »

2

Eva era nata con un dentino già spuntato e quel prodigio, di cui mia mamma dava prova battendoci sopra un cucchiaino, aveva attirato per giorni e giorni visitatori increduli, finché le urla e i conati di vomito della mia sorellina avevano posto fine al pellegrinaggio.

Tutti sembravano contenti, a parte Renate la quale, essendo la più grande di noi con i suoi dieci anni, doveva fare da bambinaia a Heinrich, che ne aveva soltanto tre. Per poter soddisfare il suo bisogno quotidiano di starsene con le sue amiche, lo affidava a me, minacciando di riempirmi di botte se l'avessi riferito alla mamma.

Papà, dicevano, era al fronte, a difendere la Germania dai russi. La caserma di Lubln, un piccolo centro nella Saar, era il mio mondo. Un mondo ordinato e protetto dai soldati. Le cose brutte succedevano soltanto di là del muro di recinzione.

I figli dei militari erano i miei compagni di gioco, gli unici bambini che conoscevo. Tra i giochi preferiti del gruppo vi era quello di far paura ai più piccoli e grazie a me, che mi spaventavo per niente, il divertimento era garantito per tutti. Col fiato sospeso, ascoltavo le storie raccapriccianti degli ebrei che tagliavano il «pisello» ai maschi appena nati e che rapivano le bambine cristiane, per sacrificarle su un altare di marmo bianco. Non avevo mai visto un ebreo e non riuscivo a farmi un'idea precisa di come fossero. Alcune volte me li immaginavo mentre tentavano di nascondere la coda nei pantaloni, oppure con lunghi peli lisci appiccicati su tutto il corpo. Avevo consultato i miei libri, ma tra l'orco, il lupo e le streghe gli ebrei non c'erano. Quando, documenti alla mano, misi in dubbio la loro esistenza, i miei amici risposero che non potevamo vederli perché stavano sempre nascosti e quando uscivano si travestivano da cristiani. Ma non dovevo preoccuparmi, perché i nostri papà li stavano acchiappando tutti e li mettevano su un treno che li portava dritti dritti nelle prigioni.

Tra i pericoli del mondo oltre la recinzione c'erano anche i russi che, con la sciabola ben affilata, erano in agguato dietro i cespugli per tagliare la testa ai bambini che osavano inoltrarsi da soli nel bosco. I lupi non c'erano.

Qualche decina di metri oltre il muro della caserma cominciava un bellissimo bosco e nei giorni piovosi sentivo il suo profumo. Le corse sotto le chiome dei vecchi alberi, le ricerche affannose delle uova sode colorate e dei coniglietti di zucchero, che la lepre nascondeva tra i cespugli, erano soltanto un pallido ricordo. I russi avevano invaso quel paradiso proprio il giorno in cui i nostri genitori avevano scoperto che ci andavamo di nascosto a spiare le coppiette. Quei diavoli feroci assalivano le case mangiandosi tutto quello che trovavano, lavavano le patate nel vaso del gabinetto e, prima di ritirarsi, violentavano le donne facendole diventare blu. Sapevo che violentare era una brutta azione, compiuta dagli uomini a danno delle donne, ma sulla dinamica del misfatto non sapevo nulla.

Quando gli eventi diventavano troppo crudeli la mia mente tendeva a rifiutarli. Nei miei sogni, il mio sacrificio sull'altare di marmo bianco era un intreccio di tulle, fiori, canti e senso di beatitudine per le lacrime altrui. Tutto si svolgeva senza paura e senza spargimento di sangue. Anche la scena del mio funerale era molto toccante, ma mi svegliavo sempre prima di finire sotto terra. Mi portavo dietro nel sonno le «cose brutte», le adornavo di veli, le cospargevo di fiori e le bagnavo di lacrime di compassione per poterle sognare senza paura. Da brava carognetta imbastivo le mie vendette immaginando rimorsi strazianti in chi si era reso colpevole nei miei confronti. Agli ebrei, che m'incutevano tanta paura, infliggevo rivoli di amare lacrime di pentimento, il massimo della pena.

Il castigo del rimorso era il segno della mia giustizia segreta, una pena che escogitavo di notte e alla quale nessun malfattore poteva sfuggire, nemmeno io. Di giorno era più facile pareggiare i conti assestando all'avversario un bel calcio negli stinchi. Era una giustizia un po' rudimentale, ma aveva il pregio di lasciare sulla pelle segni passeggeri. Per chi invece se ne approfittava perché era più grande e più prepotente di me, ad esempio le mie sorelle Renate e Irene, avevo in riservo la minaccia: «Lo dico alla mamma». Un'arma che però era destinata a ritorcersi contro di me: o finivo per prendere un paio di sberle appena osavo allontanarmi dalla mamma, o ero condannata all'oblio e a interminabili silenzi.

Fatto singolare: non ho mai fatto piangere i russi. Loro, nei miei sogni, non esistevano. Eppure, ascoltando i discorsi degli adulti, sentivo che per loro era il nemico più temuto; tanto che, per tenere a bada la banda di piccoli sporcaccioni, lo avevano relegato nel nostro bosco.

I bambini che potevano allontanarsi dalle loro case, senza suscitare l'apprensione dei genitori, avevano finito per costituire un gruppo del quale, grazie a mia sorella Irene che aveva l'ordine di non perdermi di vista, facevo parte anch'io. Avevo dovuto giurare di non fare mai la spia e di ubbidire al capo. Io mantenevo fede al patto mentre loro, per le imprese più rischiose, mi scaricavano senza pietà, accusandomi di essere una lumaca e una fifona, una vera palla al piede quando, in caso di pericolo, bisognava scappare a gambe levate.

Di fronte alla nostra casa, al di là di un vasto spazio che un tempo doveva essere stato un giardino, s'intravedeva un edificio in disuso che noi chiamavamo «le stalle». Girando a sinistra si arrivava al campo d'addestramento, mentre sulla destra si stendeva una fila di case tutte uguali, che fiancheggiava la strada proseguendo anche dopo una curva. Oltre le case, in mezzo a una collinetta coltivata a orto, una ripida scala conduceva alle casette dei conigli. Le povere bestioline sopravvivevano agli intrugli che preparavamo per loro, nelle scatole arrugginite raccattate per terra, usando ingredienti diversi secondo la stagione.

Pensando che anche l'occhio del coniglio volesse la sua parte, un giorno decisi di decorare l'impasto con dei pezzetti rossi di un palloncino scoppiato. Con quella specie di torta in mano stavo per affrontare gli ultimi gradini della scalinata, quando Renate, che aspettava in cima, mi diede una spinta. Lei voleva salvare le bestiole ma io finii per ruzzolare giù dalla scala. Riprendendo i sensi, la prima cosa che vidi fu l'impronta di una mano sulla guancia di mia sorella e la mamma che mi sorrideva.

3

« Aspettaci vicino alla rete, più tardi veniamo a prenderti. »

Era la frase ormai classica di quando la banda si preparava a partire per una nuova incursione in luoghi proibiti. Ma io, decisa a conquistare la mia fetta d'avventura, non mi arrendevo tanto facilmente. Se con le proteste e con i pianti non ottenevo nulla, passavo alla minaccia di raccontare tutto alla mamma. A quel punto erano costretti a trattare, e allora si mettevano a descrivere gli spaventosi pericoli ai quali saremmo andati inevitabilmente incontro.

Così, di solito, finivo per restare aggrappata alla rete, in attesa del ritorno degli eroi. Il filo d'acciaio si intrecciava in maglie tanto larghe da poterci infilare i piedi. Avrei voluto morire di vergogna quella volta che tentai di arrampicarmi e i ragazzi, raccolti sotto di me, avevano cominciato a cantare: « Ti si vedono le mutande, ti si vedono le mutande ». Oltre la rete, sul campo d'addestramento, i soldati si esercitavano urlando e agitando le braccia imbottite davanti alle fauci spalancate dei cani. Anche se dalla paura mi scappava la pipì, rimanevo sul posto ad attendere gli amici, confortata dalla robusta e invalicabile protezione.

Fra le voci che giungevano dal campo, una mi colpiva

in modo particolare. Era quella di un uomo che sembrava terribilmente in collera con tutti coloro che gli stavano intorno. L'eco di quella micidiale violenza verbale raggiungeva le mie orecchie come uno schiaffo, facendomi rabbrividire. Non ho mai cercato di capire cosa stesse gridando, il senso delle parole non aveva importanza quando il tono diceva già tanto. Ma la voce di quell'uomo non l'avrei mai più dimenticata.

La zia Alwine era già da tempo tornata a casa sua, quando ebbi la malaugurata idea di chiedere alla mamma se quell'uomo che gridava così forte poteva essere un ebreo travestito da cristiano. Lei rimase per un istante come paralizzata, poi mi afferrò per le spalle e gridò: « Chi ti ha raccontato queste cose? »

« Nessuno », risposi spaventata.

Cercai di scappare ma lei riuscì a trattenermi per i capelli e, guardandomi fissa negli occhi e scandendo le parole, mi disse: « Se ti raccontano delle storie sugli ebrei, vieni a dirlo a me e a nessun altro, capito! E stai alla larga da quell'uomo, non devi parlare con lui per nessuna ragione al mondo ».

Mentre ancora stava gridando, cominciai a strisciare lungo il muro cercando di guadagnare l'uscita. Renate, spaventata quanto me, si era appostata dietro la porta della mia camera. « Brava cretina », bisbigliò, « hai visto cosa succede quando non si è capaci di tenere il becco chiuso? »

Piangendo giurai a me stessa di non parlare mai più con i grandi. Quella sera andai a letto con il cuore in subbuglio. Heinrich e Irene erano partiti per passare qualche tempo nella fattoria di zia Anna, sorella di mia nonna paterna. Renate dormiva con la mamma che non si sentiva bene. Avevo paura e non staccavo lo sguardo dalla finestra. Non mi sentivo più al sicuro nella mia caserma, ora che avevo scoperto che anche la mamma temeva l'uomo che urlava sempre. Il riflettore che spazzava il cielo faceva parte del mio firmamento, come la luna e le stelle. Là fuori nell'oscurità qualcuno o qualcosa di indefinibile, di inafferrabile mi costringeva a tenere gli occhi aperti. Dovevo stare all'erta, qualcuno avrebbe potuto affacciarsi alla finestra e schiacciare il suo brutto muso contro il vetro per controllare se stavo dormendo. E se l'uomo che urlava, un ebreo o, peggio, un invisibile mostro avesse deciso di rompere il vetro?

Una valanga di « se » mi rovinò addosso e per paura di essere colta dal sonno mi misi seduta sul letto. Avvolta dalle tenebre, la realtà era in agguato quando ancora cercavo le penne della cicogna. L'orco e l'uomo premevano per essere sistemati ognuno nel proprio mondo e le mie difese, alte cinque anni, cominciavano a mostrare qualche segno di cedimento. Ma io non potevo comprendere quanto, nella realtà, il mondo dei mostri si fosse fuso con quello degli uomini proprio lì, nella mia caserma.

Rovistando nel passato, mi sono imbattuta in alcuni ricordi particolarmente vivi, anche se risalgono a tempi remoti. Come pietre miliari segnano il mio percorso emotivo attraverso la memoria: un vestito macchiato di sangue, la paura degli ebrei, la voce di un uomo cattivo. Tra questi, spicca la nascita di mia sorella Eva come un ricordo fuori tema.

Le paure impresse nella mia memoria sono originate da fatti precisi e collegati fra loro. Questo mi fa pensare che a cinque anni ero già in grado di distinguere i pericoli reali da quelli immaginari.

I bambini, credo, dovrebbero avere il diritto di spaventarsi e divertirsi con le favole; gli adulti il dovere di non sostituirsi agli orchi e alle streghe.

4

Il vecchio e cadente edificio, intorno al quale si sviluppava un altrettanto trascurato giardino, attirava la nostra attenzione più di qualunque altro luogo della caserma. L'assoluto divieto di entrarvi lo rendeva naturalmente più attraente e misterioso, e quindi tutto quello che la nostra fantasia, nel bene e nel male, sapeva produrre si svolgeva al suo interno.

Un giorno, sedotti dal fascino del proibito, alcuni ragazzi della nostra banda si erano introdotti di nascosto per esplorare i segreti di quella vecchia stalla. L'unica vera difficoltà consisteva nel superare lo spazio circostante senza farsi notare e, visto che quella volta nessuno li aveva scoperti, erano poi tornati ancora, portandosi dietro anche me.

C'era un corridoio molto largo, con il pavimento coperto di sabbia, che si perdeva nel buio: sulla destra si affacciava una serie di vani, alcuni dei quali chiusi da traballanti cancelli. Nella prima parte, sino a dove arrivava la luce che entrava dal portone, ci sentivamo ormai come a casa nostra, ma più in là, dove dominava il buio, nessuno aveva mai osato addentrarsi.

La distrazione dei nostri genitori, degli istruttori e di

tutti quelli che noi credevamo soldati ci concedeva una grande libertà di movimento. Scorrazzavamo per le stalle senza mai imbatterci in chicchessia; fino al giorno in cui fui proprio io a cadere in una trappola dalla quale sarei uscita soltanto molto tempo dopo.

Stavo percorrendo il corridoio alla ricerca di un nascondiglio quando, insospettita dall'improvviso silenzio che si era creato alle mie spalle, mi fermai di botto. Voltandomi, non vidi più gli amici che avrebbero dovuto seguirmi. Chiamai Renate, ma nessuno rispose. Convinta che stessero preparando il solito scherzo per spaventarmi, stavo per tornare sui miei passi quando nel vano del portone apparve l'uomo dalla voce terribile, seguito da alcuni uomini vestiti di scuro. La paura, molto vicina al terrore, non m'impedì tuttavia di capire al volo che il vantaggio dell'oscurità era dalla mia parte. Senza pensarci troppo, m'infilai nel vano più vicino e lì, mentre i soldati si stavano avvicinando, m'incollai al muro e trattenni il respiro. Fortuna volle che l'uomo e il suo seguito passassero davanti al mio nascondiglio senza vedermi per poi sparire inghiottiti dal buio.

Per qualche istante ancora non osai muovermi, il cuore mi batteva talmente forte che temevo che anche loro potessero sentirlo. A piccoli passi mi avvicinai all'ingresso e, non vedendo nessuno, cominciai a correre verso il portone. Le scarpe mi pesavano ai piedi ma non persi tempo a guardarle né mi voltai indietro, il mio unico pensiero era quello di uscire al più presto da quella trappola. Fu una corsa senza soste sino alla rete dove attendevano quei vigliacchi che mi avevano piantato in asso. Erano agitati e, senza darmi il tempo d'insultarli, mi circondarono investendomi con una raffica di domande.

« Ti hanno vista? Hai avuto paura? »

In mezzo a quella confusione, Renate aveva cominciato a tastarmi, chiedendomi se sentivo male da qualche parte. Tutti mi guardavano sorpresi e mi pareva di sentire i loro sguardi bruciarmi sulla schiena. Qualcuno esclamò: « È sangue! » Inarcando la schiena, cercai di toccare quel punto che tutti stavano fissando. Ero sconvolta e il vestito mi pesava addosso come un ripugnante fardello. Renate mi mise una mano sulla bocca e mi disse: « Non urlare, vuoi che ci sentano? Aspetta che te lo tolgo ». Il resto della banda aspettava con avidità di vedere cosa si celava sotto il tessuto. Dall'improvviso silenzio capii che sulla mia pelle era stata fatta un'altra inaspettata scoperta. Mentre una mano calda e rassicurante mi sfiorava la schiena, qualcuno deluso chiedeva: « Non hai neanche un graffio, come hai fatto a sporcarti? » E di nuovo tante domande, che si affollavano senza attendere la mia risposta. Che mi fossi appoggiata contro il muro in uno dei vani delle stalle non interessava più a nessuno, ormai erano partiti sulle ali della fantasia e le ipotesi si tingevano sempre più di rosso.

Il primo ad abbandonare la banda fu un maschietto che aveva sentito dire da suo padre che gli ebrei potevano nascondersi ovunque. Le stalle erano diventate un luogo troppo pericoloso e lui non ci avrebbe mai più messo piede. Io, che non riuscivo a scacciare dalla mente l'immagine di un altare di marmo bianco, la pensavo come lui. Fu il destino a decidere che anche i più impavidi tra di noi non avrebbero più potuto sfidare il pericolo e tornare sul luogo del delitto. La notte seguente, infatti, l'allarme si mise a suonare.

Qualcuno doveva avermi tirato giù dal letto perché, aprendo gli occhi, mi ero trovata davanti alla porta di casa. La mamma m'infilò un cuscino sotto il braccio e, indicando le persone che si muovevano tutte nella stessa direzione, mi spinse fuori nella notte. Mi affidai a quella processione che dopo poche decine di metri scendeva in un bunker del quale ignoravo l'esistenza. In fondo alla scala trovai mia sorella, sistemata insieme agli amici su dei materassi stesi per terra. Fui felice di vederli eccitati come me per quella improvvisa scampagnata nel cuore della notte. Più tardi ci raggiunse anche la mamma che teneva Eva in braccio.

Gli adulti sembravano preoccupati e continuavano a richiamarci dicendo di fare silenzio e che era ora di dormire. Ma lì, in mezzo a quella divertente ammucchiata, il sonno pareva proprio non poter arrivare. La guerra aveva scavalcato il muro della caserma, ma a me non importava nulla. Non avevo paura del bombardamento, anzi, con tanta gente intorno mi sentivo al sicuro, finalmente al riparo da russi, streghe, orchi, lupi ed ebrei. Il mio carnet della paura era già pieno di «spaventabambini» e per la guerra non c'era più posto.

5

Se quella notte ci fu un bombardamento, io non me ne accorsi; di sicuro quella fu l'ultima volta che vidi i ragazzi della banda. La nostra casa comunque era ancora in piedi quando la mattina dopo lasciammo la caserma.

Gran parte del viaggio mi servì per recuperare il sonno perduto e al risveglio stavamo viaggiando in mezzo a colline coperte di vigneti. I grappoli d'uva, appassiti insieme alle foglie, parevano dimenticati sulle piante. All'orizzonte, tante colonne di fumo tutte in fila stavano salendo al cielo.

« Stuttgart », aveva mormorato più volte la mamma con voce atona. Il buio era calato da molte ore quando raggiungemmo un paese dove trovammo ospitalità nella soffitta di una scuola.

Attraversando il cortile, mentre mi trascinavo dietro una borsa piena di scatole di latte in polvere, chiamavo Renate ogni volta che non sentivo il bisbigliare degli altri. Appena entrata nella soffitta, la mamma coprì i lucernari con fogli di carta e così, confortata dalla debole luce di una candela, potei riprendere a respirare. Ero infreddolita e avevo fame, ma in quelle ultime ore ero cresciuta troppo per lamentarmi come una bambina piccola. Di case distrutte, di fame e di freddo in caserma non se ne era mai parlato. Tra quelle mura non avevo mai visto uno strumento che servisse per fare la guerra, né panzer, né cannoni, né fucili. Là dentro il nemico era in combutta con l'orco e con la strega, nella soffitta invece si era alleato con gli americani, un avversario un po' nemico e un po' liberatore. Non cercavo più altari di marmo bianco o sciabole affilate, ora la guerra la vedevo nel cielo, l'annusavo nell'aria. Guerra era lo sguardo triste della mamma quando vagava dal suo seno alla piccola Eva che piangeva. Guerra era la mia pancia vuota che mi rendeva ladra e bugiarda.

Era passato non meno di un mese quando Heinrich e Irene ci raggiunsero nella soffitta. Mia sorella, a otto anni compiuti, si succhiava ancora il dito e aveva già i denti sporgenti. Andava su tutte le furie quando ci sorprendeva mentre noi ci scambiavamo dei sorrisetti maliziosi. Aveva messo subito in chiaro che lei, come Renate, non intendeva perdere il suo tempo con dei piccoli rompiscatole e che non era la nostra bambinaia. Infatti, lei e Renate, io con Heinrich e la mamma con Eva formavamo tre coppie che si univano quando era l'ora dei pasti. Heinrich, che di anni ne aveva soltanto quattro e mezzo, era già alto quasi come me. Un bambino docile e silenzioso, che cercava sempre qualche oggetto per poter trafficare con le mani. La prima volta che alzò lo sguardo per dirmi qualcosa, la mamma dovette darmi di nascosto un pizzicotto perché smettessi di fissare la sua bocca. Era come un rimprovero, per aver dimenticato che il mio fratellino era balbuziente.

Di papà, che combatteva sul fronte russo, non si parlava mai e io non ricordavo più che aspetto avesse. La sua foto sul comodino della mamma non c'era più. I bambini che giocavano con me e Heinrich erano tutti nelle medesime condizioni: chi aveva il padre al fronte, chi prigioniero in Russia, chi caduto in combattimento o mutilato dallo scoppio di una granata. Quei pochi che avevano vicino un genitore con due gambe, due braccia e che camminava senza stampelle venivano guardati con sospetto.

All'inizio del 1945 riprendemmo la nostra fuga, questa volta per Greiz Dolau, in Turingia, dove la mamma aveva deciso di aspettare la fine della guerra e il ritorno di papà. Fu in quella cittadina che avvenne il primo contatto tra me e il «nemico liberatore»: americani che, per mantenere fede a quella definizione, cominciarono col fare i complimenti alla mamma, poi regalarono a me una tavoletta di cioccolato e alla fine ci ammucchiarono tutti in un recinto dove ci riempirono di DDT. Avvolta in una nuvola maleodorante, la mamma si era chinata e mi aveva sussurrato nell'orecchio: «Non piangere, non è vero che abbiamo i pidocchi, vogliono soltanto umiliarci».

E io, un po' per orgoglio e un po' pensando alla tavoletta di cioccolato ben riposta nella tasca del grembiulino, smisi di piangere.

Quando si sparse la voce che gli americani stavano per cedere la Turingia ai russi, in cambio di una fetta di Berlino, la mamma, Renate, Irene, Heinrich ed Eva fuggirono a Düsseldorf mentre io, in modo che ci fosse una bocca in meno da sfamare, fui portata dalla zia Anna in campagna. Avevo 6 anni ed era passato molto tempo da quando avevo deciso di non raccontare più niente agli adulti.

6

Tutti dicevano che zia Anna era una donna in gamba. Io, che consideravo vecchi tutti gli adulti, la vedevo come una persona anziana che incuteva timore. I suoi capelli grigi, l'incerto profilo delle labbra, gli occhi che sembravano avvolti da una pellicola opaca erano in contrasto con la sua giovanile agilità. Rughe profonde solcavano il suo viso come testimoni di un passato pieno di risate. Sarà stata la morte del marito a cancellare quel sorriso che non ho mai visto. A giudicare dalle apparenze, il lutto aveva stimolato più i suoi muscoli che non le ghiandole lacrimali. Infatti, senza risparmiarli, mandava avanti la fattoria, aiutata svogliatamente dal figlio Heinz.

Qualche volta l'accompagnavo nei campi per raccogliere il fieno, oppure m'infilavo in un covone a sognare in santa pace – non potevo certo fantasticare mentre qualcuno mi stava a guardare. Nel mio rifugio, tra starnuti e pruriti, attendevo un principe azzurro che mi liberasse dalle grinfie della strega cattiva. Insieme a lui sarei andata ovunque. Nei miei sogni a occhi aperti mi limitavo a fuggire, non avevo in mente una meta paradisiaca, credevo semplicemente che in un altro luogo, uno qualsiasi, avrei potuto essere un'altra persona. E non necessariamente una principessa.

La domenica Heinz mi permetteva di andare con lui nel grande orto dietro casa a caccia di lepri. Così, accovacciata dietro un cespuglio di uva spina, armata di un pugno di sale, aspettavo paziente che se ne presentasse una, mentre il cugino, dietro la siepe dei lamponi, faceva l'amore con la sua ragazza. Ero consapevole di essere lì soltanto per reggere il moccolo a Heinz, ma, pur di catturare una lepre, spargendole il sale sulla coda, ero disposta a sopportare questo e altro.

La notte precedente il mio primo giorno di scuola feci la pipì a letto. Per punirmi, zia Anna voleva scrivere sulla mia lavagna nuova: «Ursula ha fatto la pipì a letto». Ero disperata, non potevo sopravvivere a tanta vergogna. Alla fine la zia si commosse e rinunciò a infliggermi un castigo tanto umiliante. Avevo atteso con trepidazione il primo giorno di scuola e per la paura di fare brutta figura mi ero esercitata a scrivere sulla lavagna sin dal momento in cui l'avevo ricevuta in regalo. Sul lato con le righe, le mie prime lettere penzolavano come biancheria agitata dal vento, sull'altro lato i quadretti tentavano inutilmente di imprigionare dei numeri.

Passato il grande giorno, e altri ancora, avevo scoperto che la scuola non era poi così tremenda e che anche i miei compagni di classe non sapevano scrivere. Ogni mattina, appena entrati in classe, la maestra distribuiva a ciascuno una pastiglia di glucosio e, durante il primo intervallo, alcuni di noi ricevevano una razione di fiocchi di avena cotti nel latte zuccherato. Fortunatamente, soltanto di rado la cuoca riusciva a impedire che la pappetta si attaccasse sul fondo della pentola perché quel saporino di bruciato mi piaceva moltissimo.

Anche dopo molti mesi, e le tante attenzioni della zia nei miei riguardi, continuavo a sentirmi un'estranea a casa sua. Non piangevo, non mi arrabbiavo ed ero ubbidiente, quindi non ero me stessa, ma esattamente come gli altri si aspettavano che io fossi. Se la mamma aveva scelto me, era proprio perché sapeva che mi sarei comportata bene a casa della zia e che non avrei disturbato più di tanto. Ma se la pancia si riempiva regolarmente, qualcos'altro in me si stava svuotando. Il trasformismo, al di fuori dal palcoscenico, ha un costo anche per i bambini. La mia già grande difficoltà di comunicare con gli adulti divenne quasi patologica. Intanto i complimenti si sprecavano e quello che di me piaceva di più era il mio silenzio. Mi ritenevano così carina, così affidabile da lasciarmi andare da sola, dovunque volessi.

Un giorno bussarono alla porta e la zia, con uno strano sorriso misterioso sulle labbra, mi mandò a vedere chi fosse. Aprii la porta e mi trovai di fronte un uomo vestito poveramente che si reggeva su un paio di stampelle. Conosceva il mio nome: « Ursula », mi chiamò, infatti. Credevo che fosse un mendicante, finché non arrivò la zia e, buttandogli le braccia al collo, esclamò: « Ma come, non riconosci tuo padre? »

Sul momento non volevo crederci, mi ero costruita un'immagine molto diversa di mio padre. Avevo immaginato che al suo ritorno gli sarei corsa incontro e poi, senza che zia Anna sentisse, gli avrei sussurrato che lo aspettavo da tanto, tanto, tanto tempo. Invece adesso non sapevo cosa dire, cercavo soltanto di nascondere la mia delusione per quel padre zoppo e un po' straccione. Entrò in casa, appoggiò le stampelle al guardaroba e andò a sedersi, facendomi segno di avvicinarmi a lui. Nel vederlo così, in attesa di un segno d'affetto, qualcosa dentro di me cominciò a sbloccarsi, si stava insinuando in me il desiderio di chiamarlo papà. Poi, mentre seduta sulle sue ginocchia lo ascoltavo raccontare della vita a Düsseldorf, dove abitava con il resto della famiglia in una baracca costruita sulle macerie, le sue carezze cominciarono a piacermi.

Il ricordo di quell'eroe in uniforme, che sorrideva nella fotografia che la mamma aveva fatto sparire, pian piano impallidiva. Per tutta la sera lui e la zia parlarono della guerra e l'elenco dei morti e dei dispersi sembrava non finire mai. Avevo sonno e faticavo a nasconderlo quando sentii papà annunciare alla zia che presto sarebbe arrivato lì, a Brünen, con tutta la famiglia. E, come per incanto, il sonno sparì.

Andai a dormire in uno stato di euforia, e le creature immaginarie che tutte le sere mi attendevano dovettero farsi da parte perché era in arrivo la mia mamma, con Renate, Irene, Heinrich e la piccola Eva.

Verso la fine del 1946 la mia famiglia arrivò veramente a Brünen, un paesino sperduto nella verde monotonia della Westfalia, secondo la definizione della mamma. Lei non era affatto contenta di vivere in campagna e non faceva segreto di aver deciso di sacrificarsi soltanto per il bene dei figli. Non ne parlava volentieri, come se si trattasse di un segreto o di una vergogna, ma la lotta quotidiana per sfamare la famiglia doveva essere stata durissima. Non le chiesi mai nulla di Düsseldorf, avevo disimparato a fare domande e la distanza che mi separava dal mondo degli adulti era diventata una voragine troppo profonda. Raccolta nel silenzio, il mio nascondiglio più sicuro, percepivo solo vagamente le nuvole nere che stavano per ammassarsi sulle nostre teste.

La graziosa casetta in cui abitavamo si affacciava sulla via principale ma le nostre finestre davano sul cortile. Tutte le mattine vedevo passare i carri dei contadini che portavano il latte alla centrale. La strada era in salita e il suo manto di porfido era così consumato dall'uso che, per evitare pericolose scivolate ai cavalli, avevano ricavato su un lato una pista in terra battuta. A ridosso del nostro cortile iniziava l'orto, dove una vasta gamma di verdure cresceva allineata con teutonica precisione. Oltrepassando quella parata di vegetali, nell'area riservata a noi, per distinguere le carote o l'insalata dalle erbacce occorreva una vista da falco. I lunghi rami spinosi dei lamponi abbandonavano la siepe per arrampicarsi sul vecchio melo e le ortiche rendevano problematici i miei spuntini segreti.

In primavera papà aveva vangato, seminato e piantato, con la speranza che in seguito la mamma si sarebbe presa cura delle piantine. Speranza vana, perché lei, che provava disgusto alla sola vista di vermi e lumache, non ci avrebbe mai messo piede, e tantomeno le mani.

Per raggiungere l'orto si passava davanti al pollaio della padrona di casa, dove un gallo tanto prepotente da fare paura anche ai grandi teneva a bada una decina di galline. Mi avevano spiegato che se una di loro osava trasgredire le regole stabilite da lui, le saltava in groppa e la beccava sulla testa. Detestavo quel gallo e speravo sempre che almeno per una volta avvenisse il contrario: ma non mi capitò mai di vedere una gallina partire all'attacco, tutt'al più si limitavano a scappare senza convinzione. Davanti a quel fazzoletto di terra recintata, unto, puzzolente e senza un filo d'erba, progettavo giardini lussureggianti, con cascate che si gettavano in laghetti circondati da prati fioriti.

« Sei sempre con la testa fra le nuvole », mi ripetevano, senza mai indagare sulla sottile differenza che corre tra l'andare tra le nuvole e l'allontanarsi da se stessi. Della mia doppia vita, intraprendente lassù e remissiva più in basso, gli altri raccoglievano i frutti mentre io mi portavo appresso il fastidioso interrogativo: e se venissero a sapere chi sono veramente?

Affacciandomi alla finestra del soggiorno, a pochi metri di distanza potevo vedere il portone del macellaio attraverso il quale ogni settimana alcuni uomini spingevano a forza una mucca. A volte succedeva che la povera bestia opponesse una certa resistenza, mettendo in agitazione me e tutto il vicinato. Era anche successo che la vittima predestinata fosse riuscita a scappare, gettandosi come impazzita per le vie del paese. Ma il compiersi del suo destino era stato soltanto posticipato perché erano riusciti comunque a catturarla e a spingerla attraverso quel maledetto portone. Appena si chiudeva, io scappavo lontano o mi tappavo le orecchie per non sentire il colpo sordo che da lì a poco sarebbe seguito. Più tardi si sentiva dell'acqua scrosciare e un rigagnolo di sangue diluito cominciava a uscire da sotto il portone, formando in fondo alla rampa una pozzanghera. Un greve odore di morte rimaneva a lungo nell'aria. Con una sensazione di gelo nel cuore mi chiedevo se quelle povere bestie, mentre varcavano quella soglia, si rendessero conto di andare a morire.

Un giorno ero partita con mio fratello e i suoi amici per andare a vedere un toro nel cortile di una fattoria vicina a quella della zia Anna. Era una bestia imponente che incuteva paura soltanto a guardarla, perdeva bava dalla bocca e aveva un anello di ferro infilato nel naso lucido. Lo guardavo affascinata e, anche se eravamo al sicuro dietro le sbarre del fienile, avevo quel tanto di timore che rende uno spettacolo emozionante. Heinrich e i suoi amici si parlavano all'orecchio e ridacchiavano. In un angolo del cortile una mucca ruminava tranquilla, indifferente a tutto quanto stava accadendo intorno a lei, e nemmeno quando costrinsero il toro a montarle in groppa parve interessata. Capivo che qualcosa di schifosamente bello stava accadendo e, combattuta tra curiosità e vergogna, non sapevo decidermi se guardare o non guardare. Una sconcertante sensazione mai provata prima mi scese fin nelle mutande e imbarazzata mi guardai in giro alla ricerca di altri peccatori.

Le mie teorie sulla sessualità non andavano molto lontano, anche se le battute sporche dei ragazzi mi avevano insegnato molte cose. Che i maschi fossero diversi dalle femmine lo sapevo, ma il mio principe azzurro, che accorreva per salvarmi e per chiedere la mia mano, o il giovane povero che mi portava nella sua catapecchia che io trasformavo, con pizzi, tendine e un'accurata pulizia in una dimora meravigliosa, non avevano il «pisello», neppure per fare la pipì.

7

Il sogno di vivere insieme alla mia famiglia era diventato una realtà che, nel giro di pochi mesi, aveva finito per trasformarsi in un incubo. All'inizio sembrava che tutto filasse liscio e la mamma, pur continuando a non amare Brünen, ci accompagnava sui prati a fare merenda o nel bosco a raccogliere castagne. Papà aveva trovato un impiego come capomastro in un'impresa che stava ricostruendo alcuni altiforni andati distrutti durante la guerra. Per raggiungere il cantiere occorreva un lungo viaggio, per cui, durante i giorni della settimana, lo vedevamo poco. Il sabato invece, giorno degli straordinari ben retribuiti, della paga, del bagno e della sbornia, erano guai per tutti.

È probabile che le nuvole cariche di guai provenissero da molto lontano e si fossero avvicinate lentamente, ma io ne presi coscienza soltanto quando ormai erano degenerate in tempesta. Durante l'anno trascorso a casa della zia Anna avevo avuto tanto tempo per immaginare una famiglia a misura dei miei bisogni e così, sogna oggi sogna domani, le mie aspettative erano cresciute oltre ogni limite. Invece, dopo un inizio promettente, erano cominciati i litigi, che presto erano diventati una consuetudine settimanale.

L'episodio peggiore si verificò un sabato sera. Papà entrò in casa barcollando e gridando: « Ve lo faccio capire io a forza di cinghiate ». Senza spiegare cosa non avevamo capito, si sfilò la cintura dai pantaloni e con sguardo truce venne verso di noi. La mamma accorse per togliergliela di mano, ma lui la spinse da parte e lei cadde battendo la testa contro il secchio del carbone. Un rivolo di sangue le uscì da sotto i capelli e le scese lungo il collo. Eva, aggrappandosi a me, cominciò a singhiozzare e a chiamare la mamma, mentre Heinrich e io piangevamo sommessamente.

Papà si guardò intorno come se soltanto in quel momento si stesse rendendo conto di dove si trovasse. Non appena la mamma cercò di alzarsi, lui stese le mani nel gesto di aiutarla, ma lei si ritrasse dicendo piano: « Non osare mai più toccarmi, maledetto criminale ». Poi si rivolse a noi e, rassicurandoci che non era successo niente di grave, ci invitò ad andare a letto. Renate andò in bagno a prendere il necessario per medicare la mamma e passando accanto a noi ci fece segno di sloggiare alla svelta. Irene, per la quale la prudenza non era mai troppa, era già scomparsa dall'inizio e sicuramente si era nascosta da qualche parte, in attesa che la bufera passasse. Heinrich e io, mogi mogi, ci avviammo verso le nostre camere trascinando Eva che invece voleva rimanere vicino alla mamma. Per timore che le sue proteste potessero riaccendere l'ira di papà le promisi che, se avesse fatto la brava, avremmo dormito insieme nel mio letto.

Così, succhiando il dito e, come d'abitudine, sfregando l'indice bagnato di saliva contro il nasino, si era addormentata ancora prima che le lacrime si fossero asciugate. Di tanto in tanto qualche singhiozzo ritardatario la faceva sussultare. Con quei capelli gettati sul cuscino come un'onda d'oro, il nasino lucido e le palpebre ancora bagnate di paura sembrava un fragile angioletto di porcellana. Come incantata dalla sua bellezza, la fissai a lungo e a poco a poco smisi anch'io di tremare.

La bufera era passata lasciando alla mamma un buco in testa e a me la consapevolezza che d'ora in poi il sabato sarebbe stato il giorno della paura.

«Maledetto criminale.» Quell'imprecazione di mia madre e la prima sbornia solenne di mio padre, viste col senno di poi, mettono a nudo due problemi non da poco: l'incompatibilità di carattere dei miei genitori e il passato nazista di mio padre. Quanto il secondo abbia pesato sulla prima, non posso sapere, dovrei prima capire se e in che misura quel passato abbia inciso sul carattere di lui. Non vorrei incorrere nell'errore di attribuire al nazismo quelle caratteristiche di mio padre che sarebbero comunque emerse. Purtroppo conosco meglio la storia dei Sumeri che quella dei miei genitori.

Credo che mia madre fosse per sua indole contraria a ogni forma di violenza, e quindi anche al nazismo; ne parlava raramente, infatti, e quando succedeva non finiva mai con i «però». Contrariamente ad altri, lei ai nazisti non riconosceva attenuanti. Eppure aveva sposato uno di loro, in divisa, aveva scelto di vivere con lui anche quando avrebbe potuto andarsene. Nonostante ciò, non aveva niente da temere dal passato, ma nemmeno nulla da sperare per il futuro.

Cinque figli rappresentano per molte donne una gioia, per altre possono significare la condanna all'infelicità. Oggi vorrei poter dire a mia madre «Mi dispiace» per le volte che mi sono sentita una figlia tollerata.

8

Gli abitanti di Brünen, mio padre, i suoi parenti e la bella chiesa gotica erano protestanti, mentre mia madre, per tradizione famigliare, aveva fatto battezzare ed educare noi figli secondo i canoni della religione cattolica. Ci mandava a messa ma lei, come del resto anche papà, frequentava la chiesa soltanto in occasione di battesimi, matrimoni e funerali. Nonostante i loro frequenti litigi non li ho mai sentiti discutere su questione religiose.

Per me invece la differenza di confessione poteva diventare occasionalmente tangibile durante l'ora di religione a scuola, poiché restavo fuori dell'aula, e la domenica, quando attendevo sul sagrato della chiesa l'uscita delle amiche. Compiere il mio dovere di fedele era faticoso perché la chiesa cattolica si trovava in un altro paese. I cattolici di Brünen erano quattro gatti, capitati lì a causa della guerra, abitavano in povere baracche nel bosco, lontano dal paese e dalle ben fornite dispense dei contadini protestanti. Da qualunque luogo o livello sociale provenissero, a Brünen erano soltanto profughi, una categoria che aveva fame e che poteva arrecare disturbo. Di un'amica di Renate si diceva che era «una brava ragazza, anche se profuga», cioè una pecora bianca in un gregge nero. Di questi sentimenti facevo incetta e, tirando le somme, traevo la conclusione che la parola «profuga» doveva essere un termine da usare soltanto quando i poveracci non potevano sentirmi. Anch'io ero profuga da parte di madre; una pecora bianconera.

Due anni di pace sembravano aver rimosso dalla memoria degli adulti certi ricordi, a favore di altri legati alla fame patita durante la guerra. Forse perché i bombardamenti, le fughe all'avanzare dei russi e la paura della Gestapo erano comunque sempre accompagnati dalla frenetica ricerca di qualcosa di commestibile. Chi rievocava la propria fame come eroica, con il sottile intento di distinguerla da quella meno drammatica degli altri, adesso mostrava un certo pudore nell'ammettere di soffrirla ancora. Tra costoro c'era anche mia madre che, quando capitava che fossimo invitati da qualcuno, ci raccomandava sempre di accettare una sola fetta di torta. Era una vera tortura trovarsi davanti ogni ben di Dio e dover recitare la parte della ragazzina dalla pancia piena, sospesa fra timore e speranza che la padrona di casa si decidesse a insistere per un bis.

Come Heinrich, anch'io avevo sempre fame e quando ero sazia, temevo di poterla soffrire di nuovo. Forse il sistema di razionamento che si praticava in famiglia stimolava il mio appetito, vero o immaginario che fosse, in quanto la mamma, prima ancora di chiamarci a tavola, aveva già provveduto a dividere il cibo nei piatti, e non sempre la misura del suo mestolo corrispondeva a quella della mia fame. Anche se l'appetito mi rendeva ricattabile con un semplice panino, il campione degli affamati era mio fratello che riusciva a ingurgitare una tale quantità di cibo da far spavento. Fra noi due esisteva una sorta di commercio clandestino di vivande in cambio di favori nel quale entravano occasionalmente anche Renate e Irene.

I panini, l'insalata di patate nel vasetto di vetro della marmellata, un uovo sodo e una mela, erano il bagaglio più importante nelle gite scolastiche. Nemmeno nel giorno della mia prima comunione il nutrimento per il corpo fu trascurato dall'anziano sacerdote, che mi regalò un libro sulla vita di Sant'Antonio da Padova e una valigia piena di alimenti in scatola.

Per essere degnamente preparata al vincolo col divino, molte volte avevo percorso la lunga strada che, attraverso boschi e campi, portava alla chiesa cattolica. Finché il paese era ancora visibile alle mie spalle mi sentivo abbastanza tranquilla, ma non appena arrivavo in prossimità del bosco mi prendeva la paura che qualcuno potesse all'improvviso saltare fuori e rincorrermi, picchiarmi, violentarmi, ammazzarmi o, come minimo, spaventarmi a morte. Con ostentata disinvoltura, procedevo a passo spedito, guardando a destra e a sinistra, e al primo fruscio il cuore e i passi aumentavano il ritmo. Soltanto quando il campanile cattolico finalmente appariva in lontananza cominciavo a pregustare il pane con burro e miele che il sacerdote era solito offrirmi.

9

Durante la guerra un aereo, forse per errore, aveva sganciato una bomba in aperta campagna. Era finita proprio dentro un fiumiciattolo. Doveva trattarsi di un ordigno potente, perché nel cratere causato dall'esplosione si era formato un bel laghetto che in seguito era diventato la piscina preferita dei ragazzi del paese. Ci arrivavamo percorrendo un sentiero tracciato proprio dal passaggio dei bambini che nella bella stagione andavano a divertirsi.

Dopo i primi tuffi, da limpida che era, l'acqua del laghetto si trasformava in una torbida brodaglia. Una vecchia camera d'aria rinvenuta nel cortile del macellaio mi permetteva di rimanere a galla. Quando si avvicinava l'ora del ritorno a casa, uscivo dall'acqua e, prossima all'assideramento, correvo a cambiarmi nel vicino campo di grano. Tra starnuti e pruriti m'infilavo velocemente il vestito, preoccupata che i maschietti potessero vedermi nuda. Dopo la tortura subita tra le spighe, il sentiero liscio e fresco sotto i piedi nudi mi procurava una sensazione molto piacevole. A testimonianza di una bella giornata passata in allegria, ci lasciavamo alle spalle, senza provare rimorsi, una terribile devastazione.

Per un tratto il sentiero seguiva il fiumiciattolo, e in alcuni punti diventava così stretto che i lunghi fili d'erba delle due sponde s'intrecciavano. Ogni tanto uno *splash* denunciava la presenza di una rana che si metteva in salvo: avrebbe fatto una brutta fine se i maschi fossero riusciti a catturarla. Le rane mi facevano schifo e non le avrei baciate per nessun principe al mondo, tuttavia non sopportavo nemmeno l'idea che qualcuno potesse infilare nel loro sedere una cannuccia e soffiare sino a farle scoppiare.

Rimaneva pur sempre il dubbio se credere alle storie raccapriccianti o convincersi che i ragazzi se le inventassero per esibirsi di fronte alle femmine. Spesso e volentieri, d'altra parte, mi mostravo più impressionata di quanto lo fossi davvero, in particolare davanti a quel ragazzo carino che abitava nella nostra strada, accanto all'unica casa bombardata del paese.

Nel punto in cui il sentiero abbandonava il fiumiciattolo per proseguire attraverso i prati, era consigliabile scrutare per bene l'orizzonte, onde evitare brutti incontri. Già una volta un contadino ci aveva inseguito urlando come un indemoniato perché gli calpestavamo l'erba.

Rinvigoriti nel corpo e nello spirito, quella volta decidemmo di deviare per il campo sportivo e concludere la giornata arrampicandoci, come d'abitudine, su una specie di monumento costruito in mattoni a vista con alcuni corpi sporgenti. Aggrapparsi ai mattoni e arrivare fino a quelle che sembravano feritoie era un'impresa da brivido.

Al grido di « C'è un impiccato », mollai la presa e saltai precipitosamente a terra. Un momento dopo, sana e salva, ero già in fila aspettando il mio turno per vedere il poveretto che dondolava impercettibilmente nell'oscurità.

Gretchen, la mia compagna di classe, saltando giù dal muro si era ferita battendo il polso contro un pezzo di ferro arrugginito nascosto tra l'erba. Come inebetita seguivo ogni mossa del ragazzo che si era sfilato il cordone dal costume da bagno e lo aveva legato stretto intorno al polso della ragazza. Il sangue continuava a sgorgare dalla ferita e Gretchen cominciò a strillare dalla paura, così partimmo di corsa in cerca di aiuto. Strada facendo, ci imbattemmo in un ciclista che caricò la nostra amica ferita sulla canna e partì come un razzo verso il paese. E noi di corsa dietro a lui.

Mezz'ora più tardi, Gretchen, cucita, vaccinata e bendata ci raggiunse sulle scale davanti alla casa del dottore. La ferita era risultata meno grave del suo e del nostro spavento.

In paese, della storia dell'impiccato si parlò poco e per poco tempo. Nessuno ci spiegò perché uno sconosciuto si era tolto la vita proprio nel nostro paesino. L'omertà degli adulti fu tale che non capii mai come quel vagabondo di passaggio fosse riuscito a fissare la corda a un'altezza che a me pareva irraggiungibile.

10

Glielo leggevo in faccia mentre girava inquieto per la cucina: papà stava covando uno dei suoi travolgenti attacchi di collera. Era tornato dal lavoro alla solita ora, e io avevo previsto una cena tranquilla. Appena entrato in casa aveva cercato di abbracciare la mamma ma lei, come se volesse conservare un certo contegno in presenza dei figli, l'aveva respinto con decisione. Il cambiamento d'umore di papà era stato repentino.

Cercai di attirare l'attenzione della mamma come per chiederle: ora ci aiuti tu a schivare la tempesta che hai voluto scatenare? La detestavo quando con il suo modo di fare finiva col metterci tutti nei guai. Avrei dovuto prendermela con papà ma la paura della sua incontrollabile violenza congelava ogni ribellione in me. Incrociando lo sguardo di Renate, capii che anche lei stava all'erta, pronta a mettere in salvo il suo fondoschiena. Heinrich sembrava l'unico in pensiero per la cena: era seduto da solo a tavola e studiava con grande interesse il ricamo della tovaglia. Eva trotterellava come sempre dietro alla mamma, dalla parte opposta a dove si trovava papà. L'unica che sembrava non accorgersi di nulla era la mamma, che, imperterrita, continuava il suo lavoro di preparazione della cena. Ovviamente fingeva ma avrebbe dovuto sapere per esperienza che il suo atteggiamento stava diventando una vera provocazione. Pareva che la sua mente stesse viaggiando altrove, lontano da noi e dalla minacciosa cintura di papà. Pur di sottrarmi a quell'atmosfera opprimente avrei volentieri rinunciato alla cena e messo il mio sedere al sicuro sotto le coperte.

Sul polso portavo ancora i segni della botta ricevuta il sabato precedente quando papà, ubriaco, mi aveva colpito accidentalmente con la fibbia. La ferita non si era rimarginata perché continuavo a staccare la crosta non appena si formava. L'eroico tentativo di nascondere il polso offeso fu tanto palese da obbligare papà a chiedermi di mostrargli la ferita.

Lavati e già in camicia da notte, stavamo aspettando Irene per la cena. Mia sorella era stata invitata alla festa di compleanno di una compagna di classe e la mamma sapeva benissimo che avrebbe fatto tardi. Eppure non diceva niente. Anch'io non avevo aperto bocca quando papà, sfilandosi la cintura dai pantaloni e sbattendola sulla credenza, aveva detto: « Insegnerò io a quella ragazza a essere puntuale ». Povera Irene, quella striscia di cuoio marrone si sarebbe abbattuta su di lei non appena varcata la soglia di casa.

Pochi minuti più tardi, si presentò sorridendo sulla porta. Dimenticando ogni timore, mi precipitai verso di lei gridando: « Attenta alla cintura! » Irene, che aveva capito al volo la situazione, si voltò all'istante e scappò via. E come per riflesso corsi dietro a lei.

Nessuno si era lanciato al nostro inseguimento, così ci fermammo quasi subito dietro l'angolo di casa. Tremavo e ridevo allo stesso tempo. (Più volte avevo attirato su di me l'antipatia di coloro che volevano subito le lacrime, ma spesso spuntavano soltanto quando l'emergenza era già passata.)

Irene mi guardava, e si mordeva nervosamente le unghie. Le avevo bisbigliato che mi scappava la pipì, ma lei, senza mollare la presa sul mio polso, con l'altra mano mi aveva fatto segno di fare silenzio. Era troppo occupata a tenere d'occhio il cortile per poter prestare attenzione ai miei bisogni. D'altronde, anch'io ero pronta a riprendere la fuga al primo segnale di pericolo. Invece non accade nulla, nessun grido o rumore di porta sbattuta, cosa che non mancò di destare in noi grande stupore.

Fino ad allora, tagliare la corda nel momento in cui le cose si mettevano male era stata un'abitudine soltanto di Irene; probabilmente avevo colto tutti di sorpresa quando mi ero precipitata fuori di casa dietro a lei. Già prevedevo che la responsabilità del mio gesto sarebbe stata attribuita a lei, i tre anni di età che ci separavano mi avrebbero fruttato uno sconto sulla colpa. Ma la teoria dell'esempio, la responsabilità valutata secondo l'età dell'individuo, era valida soltanto per noi figli.

Intanto una quiete sconcertante continuava a regnare intorno a noi. Il sole non era ancora tramontato quando prendemmo la decisione di abbandonare per sempre la nostra famiglia e di andarcene lontano, dove nessuno avrebbe potuto rintracciarci. Prima però dovevamo cercare un posto per passare la notte e organizzarci, visto che, in camicia da notte, non saremmo potute andare molto lontano. Decidemmo per il solaio del piccolo edificio che sorgeva in mezzo al cortile, adibito in parte a stireria e per il resto a pollaio. Lì, una volta alla settimana, la nostra padrona di casa metteva in funzione il grande rullo che, girando per ore e ore, stirava la biancheria di molte famiglie del paese. Quella del rullo era una giornata allegra, con un via vai di gente che trasportava grandi cesti di vimini colmi di biancheria ancora umida e profumata. Qualche volta anch'io aiutavo a piegare le lenzuola e le tovaglie che il rullo restituiva calde e ben stirate.

Per raggiungere il solaio attraversammo con cautela il pollaio; poi, una volta lassù, tra gli oggetti accumulatisi nel tempo perché ogni generazione non aveva trovato il cuore di buttarli, ci sistemammo per la notte. C'erano vecchi letti accatastati in ogni angolo e tutti senza materasso, in compenso i sedili delle sedie erano imbottiti e asportabili. La polvere, antica come gli oggetti tutt'intorno, mi entrava in gola e il timore di rivelare il nostro nascondiglio mi impediva di tossire liberamente.

Si fece buio. Con una certa apprensione, ascoltavo i rumori della notte. Ogni tanto un trambusto proveniente dal pollaio mi bloccava il respiro. Come mai quelle stupide galline scorrazzavano per il pollaio di notte? Ironia della sorte, proprio il giorno prima mi ero lamentata della mamma che ci mandava a letto con le galline, quando fuori era ancora chiaro. Né le certezze spavalde di Irene né quel poco di chiarore che filtrava attraverso le tegole del tetto riuscirono a scacciare la mia paura del buio. A ogni piccolo rumore, il cuore mi balzava in gola e, come se non bastasse, vecchi timori cominciarono ad affiorare. Paure che forse avevo troppo frettolosamente catalogate tra quegli «spaventabambini» che non mi spaventavano più. Mi avvicinai ancora di più a Irene e le chiesi se avesse mai visto un ebreo.

«Perché lo vuoi sapere», mi chiese di rimando. «Non venire a raccontarmi che hai paura anche di loro.» Dal momento che non rispondevo, aggiunse: «Sei proprio una scema, sono gli ebrei che hanno paura di te». La sua affermazione non mi convinse ma lasciai cadere l'argomento.

Già per due volte avevamo udito la mamma che ci chiamava dalla porta di casa, e ci eravamo ben guardate dal rispondere. Sebbene non disponessimo di un orologio, e non sapessimo che ora fosse, mi lamentai per il tempo che non passava mai. A poco a poco l'emozione per la fuga stava lasciando sempre più spazio alla nostalgia del mio letto caldo e morbido. Non desideravo altro se non di tornare nella mia stanza, al riparo dal freddo e dalle galline sonnambule.

Quando infine Irene ebbe l'idea di andare a comprare una bottiglia di birra per papà, capii che anche lei stava abbandonando il piano di fuga, e già pensava al modo di rientrare in casa col minimo danno possibile. Provai un gran sollievo nel poter uscire da quel buio angosciante senza essere tacciata di vigliaccheria.

Così, attraversammo di nuovo il pollaio senza far svolazzare le galline e, mentre Irene si avviava verso l'osteria, io raggiunsi il retro della casa dove l'avrei aspettata vicino al maledetto portone del macellaio. Sparita mia sorella, anche il mio coraggio si dileguò. Ero ormai prossima al crollo quando vidi finalmente spuntare dall'oscurità la mia salvatrice: Irene stava tornando, agitando trionfante una bottiglia di birra. Nonostante il fiato ancora grosso, Irene si avvicinò piano piano alla casa, depose la bottiglia sul gradino dell'ingresso, bussò alla porta e tornò indietro di corsa. Subito dopo sentimmo la porta che si apriva e poi più nulla.

Quel silenzio mi sembrò un'offesa: ero cacciata dal mio

posto che, pur non essendo un paradiso, era l'unico che avevo. Cedendo alla stanchezza, all'orgoglio e alla curiosità uscii allo scoperto. Papà era seduto sul gradino e, stringendo in mano la bottiglia, stava piangendo. Parve non accorgersi di noi nemmeno quando gli passammo accanto per entrare in casa. M'infilai nel letto e, tirando le coperte fin sopra la testa, cominciai a piangere.

Ero pentita di quello che avevo fatto, ma il sospetto che la nostra fuga avesse poco a che fare con le lacrime di papà si era già subdolamente infiltrato nei miei pensieri.

La costanza della mamma fu premiata nel 1949, quando ci trasferimmo a Wesel, una città della Renania settentrionale sulla riva del Reno. Durante l'anno precedente papà vi aveva costruito con le sue mani una piccola casa, situata sul retro di un edificio miracolosamente rimasto in piedi e circondato da cumuli di macerie.

Arrivando a Wesel per la prima volta, trovai una città che in realtà non esisteva più. C'era soltanto un'immensa distesa di detriti, solo parzialmente rimossi, tanto da poterne intuire la struttura urbanistica. In alcune zone sembrava quasi si trattasse di un insediamento nascente, con strade e marciapiedi tracciati e fondamenta delle case già gettate. Due monumenti, anche se danneggiati, dominavano ancora quel terreno desolato: una porta, o forse un arco, dedicato probabilmente a qualche trionfo di tempi lontani e lo scheletro di una cattedrale gotica. Del lungo ponte di pietra che in passato scavalcava il Reno non rimanevano che i ruderi delle prime arcate.

Quello che restava di Wesel giaceva al suolo, a testimonianza dell'accanimento col quale si era abbattuta sulla città la furia alleata. Ovunque si guardasse tra le rovine, donne, uomini e bambini stavano recuperando, pulendo e accatastando i mattoni ancora interi: un'orchestra di martelli che suonava l'ouverture della ricostruzione. Fra le vittime di quel fervore si poteva già annoverare la nostra nuova casa che, circondata da cantieri in allestimento, era destinata a un futuro immerso nell'ombra.

Wesel non mi piaceva e non feci il minimo sforzo per conoscere coloro che vivevano intorno a noi. Tra i fantasmi che la mia mente partoriva incessantemente vi era quello della scuola: ciò che più mi spaventava era il confronto con i nuovi compagni di classe. Passavo il tempo a leggere i romanzi d'amore che la mamma comprava ogni settimana dal giornalaio; in casa, oltre alla rivista con i programmi della radio e, occasionalmente, alla «Bildzeitung» non c'era niente da leggere. Nel nostro salotto troneggiava un imponente armadio, con un bar girevole senza bottiglie, davanti a una libreria senza libri.

Non soltanto l'inserimento nella nuova scuola si rivelò molto meno traumatico di quanto avessi pensato, ma ebbi anche la fortuna di incontrare Bärbel, una compagna di classe che fin dal primo incontro decise di prendermi sotto la sua protezione. Superato lo scoglio più temuto, abbandonai i romanzi della mamma e cominciai a uscire di casa per giocare con gli amici di Heinrich e con le ragazze del vicinato.

Bastarono pochi giorni in compagnia dei nuovi amici a far sì che guardassi le rovine con tutt'altro spirito, e quel che prima era soltanto desolazione diventò per me il paese dei balocchi. Con le montagne di mattoni a nostra disposizione costruivamo casette che attrezzavamo con le stoviglie recuperate scavando tra le macerie. Durante una di quelle operazioni di scavo ci imbattemmo persino in un teschio, finito in seguito sul tetto di un gabbiotto di legno, preso a sassate dai ragazzi. Una volta completata l'opera, al momento dell'assegnazione dei rispettivi ruoli, scoppiavano litigi perché tutti, maschi compresi, volevano fare la mamma. Il ruolo della mamma era molto ambito perché soltanto a lei spettava il compito di maneggiare le pentole, tritare l'erba o impastare la terra, mentre il padre non doveva fare altro che aspettare fuori della casetta per poi rientrare, affamato, dal lavoro.

Avendo già dieci anni, mi capitava spesso di fare la mamma, ma Eva, che ne aveva soltanto cinque, era destinata suo malgrado a passare il tempo a frignare come un bebè. Poi venne il momento in cui il «facciamo finta che» non ci bastò più e cominciammo a rubare in casa cibo vero, finché un giorno le cinghiate di papà misero bruscamente fine ai nostri lussuosi pasti tra le rovine.

Ci venne il dubbio che qualcuno avesse fatto la spia, e i nostri sospetti caddero in primo luogo su Brigitte, detta «Banana» a causa di sua madre che all'ora di merenda si affacciava alla finestra gridando: «Vieni a prendere la tua banana!» Noi la guardavamo consumare l'esotica merenda ed era inevitabile che l'invidia trasformasse l'acquolina in veleno. Tutto finì in una bolla di sapone: Brigitte respinse ogni accusa ed Eva, la sospettata numero due, fece altrettanto.

Oltre alle spie e alla cintura di papà, anche la ricostruzione era in agguato, e così un giorno arrivò una ruspa e ci portò via il nostro paradiso.

Spuntavano palazzi dappertutto e non erano ancora terminati i lavori che già le famiglie andavano ad abitarci: famiglie formate da vedove con molti figli. Assistevo alla nascita di una nuova città senza domandarmi dove andassero a finire le macerie di quella vecchia.

Ma le macerie dentro di noi non erano altrettanto semplici da rimuovere.

La mia generazione prese coscienza dell'accaduto quando ormai il Paese era stato ridotto in macerie. Nessuno di noi ricorda la propria città intatta, un luogo dove, ad esempio, la luce dei lampioni si riflettesse sulle facciate delle case. Siamo cresciuti tra le rovine senza comprendere la vera causa di quel disastro.

Nessuno gridò vendetta per quei bombardamenti a tappeto su obiettivi civili. « Chi rompe paga » valeva soltanto per i bambini, mentre chi aveva ucciso l'avrebbe fatta franca.

Ci arrangiammo, ognuno come poté, in un contesto in cui regnava l'anarchia morale. Certo, il piano Marshall fece sì che non morissimo di fame, ma noi avevamo bisogno anche di capire che cos'era successo.

Noi siamo quelli fortunati che non ricordano i bombardamenti, le leggi razziali e i campi di concentramento; quelli che vivevano sani e salvi sotto lo stesso tetto di coloro che di tali orrori si erano resi responsabili.

I grandi erano occupati a barcamenarsi tra fame, freddo, paura del castigo e quel vago timore che i tentacoli del mostro con i baffetti potessero strisciare fuori dalla sua presunta tomba a Berlino. Volevano dimenticare il passato e guar-

dare soltanto al futuro, ma è difficile elaborare il senso di colpa guardando nella sfera di cristallo.

Il nostro sedere era a portata di cintura, pronto a ricevere le conseguenze delle loro frustrazioni.

11

Uno dei disagi che mi accompagnò per tutta l'adolescenza furono le scarpe. Con due sorelle maggiori, era ovvio infatti che le dovevo portare di seconda, se non di terza, mano. A parte la scuola, passavo gran parte del mio tempo in strada, anche durante l'inverno, e nonostante il rinforzo fatto con la carta di giornale rientravo regolarmente a casa con i piedi bagnati e gelati. Così, anche l'anno della prima media presi l'influenza, con la differenza che quella volta qualcos'altro di me si ammalò.

Con la febbre alta, ero stata sistemata su un letto provvisorio nella camera dei miei genitori. Dormire con loro era il privilegio del malato di turno, e poiché noi fratelli ci passavamo l'influenza come il testimone in una staffetta, durante la stagione invernale quel letto non era poi tanto provvisorio. Essere ammalati presentava aspetti decisamente positivi, perché la mamma era convinta che un'abbondante nutrimento fosse indispensabile per sconfiggere qualunque malattia. Sapevamo molto bene che quando la benedetta lineetta blu del termometro cominciava a salire, con essa aumentavano anche i privilegi.

Nella stanza immersa nel buio, soltanto il vano della finestra era un po' meno scuro. Mi giravo e rigiravo nel letto senza mai trovare la giusta posizione. Sotto il piumino faceva caldo eppure tremavo. Voltandomi sul fianco per contare le pecore, finii per contare i battiti del cuore e mi tornò in mente il disegno anatomico di un essere umano senza pelle che la maestra aveva mostrato in classe, un'immagine repellente che per poco non mi aveva fatto vomitare. Improvvisamente ebbi la sensazione che il mio cuore stesse perdendo colpi e cambiai posizione, spaventata. Lo scricchiolio del letto aveva svegliato papà che si alzò e si avvicinò minaccioso al letto. Il mio cuore cessò del tutto di battere.

Anche la mamma si svegliò. Accese la luce e, non appena mi vide, si rivolse a mio padre, gridando: «Criminale, che cosa hai fatto alla bambina?»

Sulla porta era apparsa Eva. La mamma le corse incontro, e spingendola fuori dalla stanza si chiuse la porta dietro le spalle. Ero sola con papà che, sopra di me, con il viso deformato dalla collera, si stava sfilando la cintura. Cercai di gridare, ma ero terrorizzata, e non riuscii a emettere alcun suono.

Mi ritrovai seduta sul letto, completamente bagnata di sudore. Si era trattato soltanto di un incubo. Il cuore batteva ancora forte e mi lasciai cadere esausta sul cuscino. Ascoltavo il respiro pesante e regolare di papà, interrotto ogni tanto da un breve russare che gli faceva perdere il ritmo. Non sentivo il respiro della mamma, lei era silenziosa da addormentata come lo era da sveglia. A un tratto papà cominciò a farfugliare, il suo respiro diventò affannoso e con voce strozzata gridò: «C'è ancora un bambino che piange!» Sentii la mamma sussurrare: «Su, su, non è niente, hai soltanto sognato».

Papà riprese quasi subito a respirare regolarmente, forse non si era nemmeno svegliato. Nel frattempo ero rimasta immobile nel mio letto, spaventata da quel grido nella notte. Chi era quel bambino che piangeva nel sogno di papà? Avevo sete e la gola mi bruciava da morire, mi sarei alzata se una vocina non mi avesse suggerito di continuare a far finta di dormire.

L'influenza mi aveva ridotta piuttosto male, ero dimagrita e, fatto assolutamente straordinario, avevo perso l'appetito. Odiavo quel disgustoso cucchiaio di olio di fegato di merluzzo, una tortura giornaliera alla quale non potevo sottrarmi nemmeno quando avevo i conati di vomito. In un mese avevo bagnato il letto per ben tre volte e zia Clara, un'anziana parente della mamma, suggerì che un po' di distrazione mi avrebbe fatto sicuramente bene. A parte la paura di addormentarmi, la sera, non lamentavo alcun disturbo, così la mamma decise di portarmi a fare una gita a Düsseldorf.

12

Uno dei pochissimi svaghi che mia madre si concedeva era quello di andare a trovare ogni tanto le sue sorelle a Düsseldorf, accompagnata a turno da uno di noi. Di solito andavamo a stare dalla zia Alwine che, oltre a essere allegra e ospitale, aveva una spaziosa mansarda dove, per l'occasione, stendeva alcuni materassi per terra. Noi cugini ci ritrovavamo così uno vicino all'altro e di dormire non se ne parlava proprio.

Per noi quella gita era un premio molto ambito e quando cominciava a profilarsi l'ipotesi del viaggio facevamo a gara a chi era più ubbidiente.

Dal nonno, invece, che viveva anche lui a Düsseldorf, nessuno voleva andarci perché era troppo severo; inoltre si diceva che la sua casa fosse stregata e che di notte si sentissero strane voci. Quando il nonno parlava di papà, il suo volto si faceva rosso; lo chiamava « quel disgraziato », e « devi denunciarlo » era il consiglio che il nonno ripeteva di continuo alla mamma.

Da zia Alwine, che naturalmente era vedova di guerra, si respirava tutta un'altra aria. Le madri dormivano insieme nel letto matrimoniale al pian terreno, mentre noi cugini su nella mansarda ne combinavamo di tutti i colori.

Marianne, la più grande dei miei tre cugini, mi faceva provare i suoi vestiti, insegnandomi anche come si conquistava un ragazzo. Sotto il suo sguardo critico sculettavo per la mansarda suscitando l'ilarità dei presenti.

Una sera le nostre madri uscirono con Marianne e ci lasciarono soli, chiusi a chiave nella mansarda. A un certo punto della serata a me scappò urgentemente di andare al gabinetto, ma non c'era un vaso da notte, né un qualsiasi altro contenitore da utilizzare per l'emergenza. Non potevo andare a farla sul tetto perché i lucernari erano troppo in alto. Con l'aiuto dei cugini provai a forzare la serratura della porta con una forcina per capelli, ma senza alcun successo. Così, infine, mi tolsi la maglietta e la stesi per terra, ci feci sopra i miei bisogni e poi lanciai il tutto fuori dal lucernario. Rientrando in casa, la mamma ebbe poco da rimproverarmi: lei e la zia erano corse ridendo alla ricerca dell'imbarazzante fagotto.

Quando venne il giorno della nostra partenza per Wesel, mentre mi stavo preparando per uscire di casa, fui colta da un forte senso di nausea, seguito da diverse fitte nella zona dell'inguine. Mi lasciai cadere per terra, gridando: «Non posso camminare!» La mamma era accorsa e poco dopo arrivò zia Alwine, spingendo una carrozzina. Mi ci caricarono sopra e partimmo verso l'ospedale. Durante il tragitto vomitai la colazione e il dolore scomparve all'istante. Ma le gambe non mi ubbidivano e pendevano inerti dal passeggino.

Al pronto soccorso un medico mi visitò accuratamente e, non individuando una causa plausibile per il mio disturbo, disse che potevo tranquillamente affrontare il viaggio di ritorno a Wesel. Zia Alwine ci accompagnò alla stazione, e arrivati nei pressi sollecitò la mamma ad accelerare il passo per non perdere il treno. Io, come per miracolo, saltai dalla carrozzina e mi misi a correre lungo il marciapiede.

Il ricordo della paura provata nei momenti in cui avevo creduto di perdere l'uso delle gambe fu presto sopraffatto dalle emozioni prenatalizie. L'accensione di una delle quattro candele sulla corona dell'avvento, sistemata al centro della tavola, dava il via all'impaziente attesa dei regali e alla diffusione dei buoni sentimenti. Sentimenti che invadevano le anime e i negozi, e i rami degli abeti intrecciati in ghirlande, corone o bouquet ne erano testimoni.

La radio diffondeva le voci cristalline dei cori di fanciulli che cantavano il Natale. Davanti al grande magazzino un Babbo Natale con la barba bianca oscenamente finta scampanellava dal primo mattino sino all'ora della chiusura. Anche se la nascita di Gesù Bambino era il soggetto della quasi totalità delle canzoni natalizie, era quel vecchio vestito di rosso a far sognare i bambini: era alla slitta trainata dalle renne che pensavano quando cantavano *Tu scendi dalle stelle*.

Anch'io subivo fortissimamente il fascino dell'attesa, ma non ero più una bambina e mi dispiaceva tanto non poter nemmeno far finta di credere in Babbo Natale.

13

Poco alla volta il mio mondo si era spopolato dei personaggi fantastici, per diventare un mondo abitato soltanto dai desideri. Il principe azzurro, anche se di sangue rosso, continuava a esistere: buono, bello, educato, forte e astemio.

Delle mie aspirazioni segrete parlavo soltanto con Bärbel, l'unica tra le compagne di classe che frequentavo al di fuori della scuola e della quale mi fidavo ciecamente. Accanto a lei mi sentivo protetta: Bärbel non si lasciava intimidire dagli adulti e dialogava con loro senza impappinarsi.

La mia amica abitava in periferia e nelle giornate di bel tempo ci incontravamo a casa sua da dove poi partivamo per raggiungere, attraverso i prati, il vecchio ponte sul Reno distrutto dalle bombe. Raccogliere i fiori era la scusa, in realtà desideravamo inoltrarci indisturbate e senza testimoni nel nostro regno immaginario. In quel luogo magico, dove i ruderi del ponte si trasformavano in un maestoso castello, un bastone in un'affilata spada e un po' di fiori intrecciati in una preziosa corona, non c'era posto per nessun altro.

Calata nel mio ruolo di principessa, attendevo con ansia l'esito del duello che Bärbel stava combattendo furiosamente contro un invisibile rivale. Parlava e gridava con voce baritonale e, per lo sforzo, il rosso naturale delle sue gote si estendeva a tutto il viso. Con un seno prosperoso, fatto di erba appallottolata sotto la maglietta, aspettavo la dichiarazione d'amore del mio campione vittorioso.

Quel preludio di giochi amorosi avrebbe potuto evolversi se uno sconosciuto sporcaccione non avesse improvvisamente invaso il nostro reame. Eravamo immerse nella nostra bella commedia quando notammo un uomo in bicicletta che percorreva il sentiero a fianco del ponte, guardando fisso nella nostra direzione. Nascondendomi dietro Bärbel, mi strappai il seno finto da sotto il vestito e lo lasciai cadere sul prato. Intuivo il pericolo ancor prima di rendermi conto quale fosse ed ero già pronta a darmi alla fuga.

Non mi ero sbagliata. A mano a mano che il ciclista si avvicinava, ci accorgemmo infatti che i suoi pantaloni erano aperti sul davanti; Bärbel mi diede un colpo col gomito e parlando a denti stretti mi disse di non guardare, di far finta di niente. Tentativo vano, poiché per paura, curiosità e ribrezzo non riuscivo a staccare gli occhi dall'uomo. Avevo soltanto due modi per salvarmi: mantenere la distanza di sicurezza o scappare, perciò non potevo assolutamente perderlo di vista. Così, fingendo di raccogliere tranquillamente i fiori, cominciammo un po' alla volta ad allontanarci. Ma quando l'uomo fermò la bicicletta, e appoggiò un piede per terra, il cuore mi balzò in gola. Per alcuni istanti ci guardò come se volesse beffarsi di noi, poi riprese a pedalare, proseguendo per la sua strada come se niente fosse. Appena il sentiero fu nuovamente sicuro, ci precipitammo eccitate verso casa e, strada facendo, cominciammo a convincerci che soltanto per un miracolo ora non ci trovavamo distese sul prato con la gola tagliata.

Il giorno seguente, due agenti di polizia in borghese bussarono alla porta di casa chiedendo di parlare con me. Siccome Bärbel aveva raccontato tutto ai suoi genitori, che si erano rivolti alla polizia, ora volevano conoscere anche la mia versione. Raccontai la mia storia e, al termine, in presenza dei poliziotti, dovetti subire l'ira di mia madre che mi rimproverava di non averle detto niente e di essermi allontanata senza avvertirla. Era ipocrisia bella e buona la sua, come lo era la mia promessa di non farlo più.

In seguito, più che il divieto, fu il timore di altri brutti incontri a tenerci lontane dai prati.

Alcuni mesi dopo ci convocarono alla stazione di polizia dove ci mostrarono alcune foto segnaletiche tra le quali avremmo dovuto indicare quella dell'uomo in bicicletta. Bärbel sembrava molto sicura del fatto suo quando scelse una fra le decine di immagini sparpagliate sulla scrivania, mentre io, pur indicando la stessa foto, fui assalita da mille dubbi. Dubbi che però non sembrarono essere molto determinanti, visto che, pochi giorni dopo, fui prelevata da due agenti e condotta in un cantiere stradale dove, confuso in mezzo ad altri operai, avrei dovuto identificare il nostro uomo. E lui c'era.

Piena d'angoscia avevo guardato negli occhi alcuni uomini allineati lungo il bordo della strada, con gli arnesi da lavoro in mano. Avevo la sensazione che ogni sguardo mi dicesse: Passa oltre, ragazzina, io in vita mia non ti ho mai visto.

Furono momenti davvero traumatici. In cuor mio non volevo riconoscere in quel povero diavolo il nostro ciclista e nello stesso tempo mi mancava il coraggio di raccontare bugie ai poliziotti. Non c'era in me nessun desiderio di punirlo, anzi, cominciavo a detestare coloro che lo volevano a tutti i costi mettere in prigione.

Il sospetto di aver riconosciuto l'uomo soltanto perché l'avevo visto in fotografia cominciò a tormentarmi. L'infallibile Bärbel mi aveva quasi convinta che avevamo fatto la cosa giusta e che tutto era ormai passato quando fui convocata come testimone presso il tribunale di Wesel.

L'udienza cominciò subito con un dispiacere per me quando in aula fu letto un mio breve profilo psicologico, fornito dalla nostra maestra. Mentre Bärbel era descritta come una ragazza serena e socievole, di me si diceva che ero un soggetto chiuso e difficile da comprendere. Mi sentii offesa: quelle parole suonavano come un verdetto di condanna e avevo la sensazione che tutti mi guardassero con sospetto.

Gli interventi si susseguirono rapidamente e capii ben poco di quello che veniva detto in aula. Quando venne il mio turno, tra le altre cose, dovetti descrivere nei minimi particolari ciò che il ciclista aveva tirato fuori dai pantaloni. Che pasticcio: non ero capace di tradurre in termini precisi quello che avevo visto, così mi limitai ad allargare le braccia nel tentativo di indicare la misura. Credo di aver esagerato nel distanziare le mani perché tutti in aula si misero a ridere.

Alla fine l'accusato, sebbene avesse continuato a dichiararsi innocente, fu condannato.

14

Quel mattino, nel cortile della scuola, la mia attenzione fu catturata dall'atteggiamento di Heinrich che, insieme ad alcuni compagni, si stava appartando con fare sospetto. Senza farmi notare, seguii il gruppetto e li sorpresi sul retro del casotto dei gabinetti mentre si passavano una fotografia. Convinta che si trattasse di donne spogliate, il tema preferito di quegli sporcaccioni, insistetti per dare anch'io un'occhiata.

Ormai erano stati irrimediabilmente scoperti, e così il misterioso pezzetto di carta finì anche tra le mie mani. Sconvolta dall'orrore e dall'incredulità, mi trovai a fissare l'immagine di un camion stracarico di corpi ridotti a pelle e ossa e con la testa rasata. Esseri umani nudi, ammucchiati uno sopra l'altro, con le braccia e le gambe che penzolavano dal cassone.

Un formicolio cominciò ad attraversarmi il corpo, la bocca mi si riempì di saliva e sentii cedermi le gambe. Seduta per terra, mi giunse da lontano una voce che diceva: « Ma dai, non fare così, erano soltanto ebrei ».

Heinrich mi prese per un braccio e mi aiutò ad alzarmi, mentre i suoi amici, forse per evitare che altri ci vedessero, si strinsero intorno a noi. Il campanello suonò la fine dell'intervallo e, prima di dividerci, ci fu giusto il tempo di promettere seri guai a chiunque avesse spifferato l'accaduto.

La notizia del mio malore giunse comunque alle orecchie degli insegnanti e fui costretta a farmi visitare dal medico della scuola. Ero molto spaventata all'idea di poter subire un interrogatorio, e invece il dottore mi prescrisse nient'altro che una cura a base di calcio, e qualche tempo dopo fui mandata in campeggio a respirare l'aria buona dei boschi. Così, l'inquietante segreto fu salvo. In seguito, mia madre, che era stata convocata per un colloquio con l'insegnante, mi disse che era soltanto una questione di stanchezza, dovuta al fatto che mi agitavo troppo durante la notte e che quindi non riposavo bene.

Del camion con il suo orribile carico non se ne parlò più. Finì archiviato tra Babbo Natale e le streghe perché, oltre che vomitare, svenire o chiudere gli occhi, sapevo anche rifiutare e dimenticare.

Avevo dodici anni e mi piaceva ancora leggere le favole, pur sapendo che erano tutte invenzioni. Occasionalmente sfogliavo anche i romanzi d'amore della mamma. Ma di Norimberga conoscevo soltanto il famoso Ring.

15

Per colpa del ciclista balordo non ero più tornata sul luogo del delitto, se non per raggiungere, in compagnia di altri ragazzi, la piscina sulla riva del Reno. Il sentiero fiancheggiava per un lungo tratto il vecchio ponte di pietra le cui prime arcate cominciavano ad alzarsi gradatamente molto prima della sponda del fiume. Del resto non restava alcuna traccia.

In alcuni punti le bombe avevano scoperto l'ingresso di gallerie strette e buie: sembravano dei passaggi segreti. L'odore di fuoco estinto e le tante penne sparpagliate intorno non lasciavano dubbi che tra i vagabondi, che erano soliti accamparsi nei cunicoli, ci fossero anche ladri di polli. Un luogo lugubre, come tutti i luoghi dove giacciono in frantumi le costruzioni o gli oggetti dei tempi moderni; soltanto i secoli, o la fantasia dei bambini, possono dare fascino a rovine e a cocci. Ma il ciclista aveva rotto l'incantesimo e non riuscivo più a costruire castelli in aria; ormai mi limitavo a frugare tra le macerie per trovare qualche traccia di avventure vissute da altri.

Dall'altro lato del sentiero si stendevano i prati. In primavera vi crescevano più fiori che erba e, soltanto quando i contadini avevano reciso quel manto colorato, si poteva parlare di verdi campi. Nel boschetto, miracolosamente sopravvissuto, fragili fili d'erba pallida si allungavano alla ricerca della luce. I raggi del sole trafiggevano le chiome degli alberi e le foglie cadute da tempo riempivano l'aria di un vago profumo. Sotto quel soffice tappeto si nascondevano le radici che facevano inciampare le ragazze che osavano depredare il bosco. Con un mazzolino di fiori e un ginocchio sbucciato ero tornata sul sentiero, con Heinrich che portava la borsa contenente, oltre ai costumi e a un solo asciugamano per tutti, un'enorme quantità di panini. Io tenevo sotto braccio il plaid di lana scozzese che la mamma, dopo molte suppliche, ci aveva concesso per la giornata balneare. Camminavamo a passo spedito perché, come al solito, strada facendo, avevamo perso molto tempo. Eva faticava a starci dietro e ogni tanto dovevamo fermarci ad aspettarla.

Arrivati a destinazione, il gioiello di famiglia fu steso per terra e poi ci gettammo nelle gelide acque della piscina. Dove si toccava, naturalmente, perché io non sapevo nuotare. Quante volte avevo provato e riprovato a rimanere a galla, ma dopo poche frenetiche bracciate andavo immancabilmente a fondo.

Stavo lottando come al solito per non affogare, quando un uomo si avvicinò e mi disse: «No, no ragazzina, così non imparerai mai, se vuoi ti insegno io come si fa». Io non volevo, ma gli feci un bel sorriso. Così mi trovai una mano sotto la pancia e sospesa sul pelo dell'acqua. Non avrei potuto spiegare a nessuno perché persi immediatamente la voglia di imparare a nuotare. Mi guardai in giro impacciata, non sapendo cosa fare per allontanarmi da quel tipo senza offenderlo. Per fortuna Heinrich si accorse del mio imbarazzo e, agitando le mani con i panini, mi fornì un valido motivo per allontanarmi senza destare sospetto nel mio intraprendente maestro di nuoto.

Sulla via del ritorno ci fermammo a raccogliere fiori. Appendemmo la coperta sulla recinzione che delimitava il prato, incuranti delle mucche che pascolavano non lontano. Siccome il fiore un poco più in là è sempre più bello di quello vicino, ci allontanammo senza accorgerci che le mucche, forse attirate dai colori sgargianti, si erano pericolosamente avvicinate alla coperta. Un grido di orrore ci fece voltare di scatto e urlando ci precipitammo verso il recinto per sottrarre alle avide bestie la merenda *made in Scotland.* Ma le mucche, nonostante quel bel prato a disposizione, si erano già divorate un bel pezzo della coperta che ora penzolava tutta sfilacciata dal filo spinato.

Per rimediare al disastro, pensammo di andare a casa di Bärbel, dove con grande perizia sua madre tagliò il pezzo mangiucchiato. Un lavoro talmente ben fatto che alla fine non si notava quasi niente: la coperta era soltanto diventata un po' più piccola.

Quando, piegata per bene, la consegnammo alla mamma, al momento lei non si accorse di nulla, ma qualche giorno dopo, mentre la stendeva sul divano, sentii che mormorava soprappensiero: «Che strano, mi sembrava fosse più grande».

16

Tornando a casa dalla scuola scoprii che mio fratello aveva venduto il suo merlo. La mia ira, per quello che consideravo un tradimento (avevo infatti contribuito al suo acquisto con ben cinque figurine di attori del cinema e due panini al salame), si scatenò durante il pranzo quando presi di mira Heinrich, imitando la sua balbuzie. La mia sete di vendetta era tale che ignorai i richiami della mamma finché lei, irritata dal mio comportamento odioso, mi allungò un sonoro schiaffo. Mi precipitai in cortile, offesa e sbattendo violentemente la porta.

Nel primo pomeriggio ero ancora seduta sulla soglia di casa a rimuginare. La mamma era partita subito dopo pranzo con Eva per il solito viaggio « salvastipendio ». Accadeva quasi ogni settimana, quando prendeva il treno per andare ad aspettare papà davanti al cancello del cantiere. Cercava così di intercettare la busta paga prima che lui corresse ad alleggerirla in osteria.

Intanto mio fratello aveva pensato bene di dileguarsi, per evitare di incappare nella mia collera. Povero merlo, la sua breve permanenza tra di noi non era stata certo facile a causa dell'avversione che mia madre provava per tutti i pennuti. Era costretto a passare la notte in una scatola di cartone posata sul davanzale della finestra. Eppure ogni mattina lo trovavamo che fischiettava allegramente nella sua prigione, in attesa di luce, cibo e compagnia.

Un uomo era sbucato dall'angolo della casa e mentre lo osservavo attraversare il cortile il merlo volò via dalla mia mente. C'era qualcosa in lui che mi era parso familiare, ma la memoria non voleva proprio aiutarmi a collocare quella figura obesa in un posto preciso. Quel frugare tra i ricordi mi aveva distratto e l'uomo dovette ripetere la domanda prima che potessi rispondergli che in casa non c'era nessuno e che papà sarebbe rientrato soltanto la sera. Dapprima mi sembrò dubbioso, ma poi tirò fuori dalla tasca della giacca una lettera pregandomi di consegnarla a papà, con la raccomandazione di non perderla. Feci segno con la testa di aver capito e in cambio ricevetti un pizzicotto sulla guancia. Rimase a guardarmi mentre portavo la busta in casa.

Quando, prima di andarsene, mi chiese perché mai avessi quella faccia imbronciata, abbassai lo sguardo senza rispondere. Non avevo nessuna voglia di raccontare la storia del merlo a uno sconosciuto.

Alla sera spiai papà mentre leggeva la lettera. Un silenzio greve regnava nella stanza e la mamma non staccò un istante lo sguardo dal viso di papà, come se vi potesse leggere rispecchiato il contenuto della lettera. Dopo averla letta, mio padre passò il foglio alla mamma, attendendo in silenzio.

Aspettai invano una parola o un gesto che potesse rivelarmi quale fosse il mistero saltato fuori da quella busta, tanto da lasciare i miei genitori senza parola. Subito dopo cena, invece, ci spedirono frettolosamente a letto e così il sospetto che qualcosa d'importante stesse bollendo in pentola diventò certezza: una scoperta eccitante che non avrebbe certamente conciliato il sonno.

Heinrich ed Eva chiacchieravano sottovoce nella camera accanto, e io aspettavo impaziente che si addormentassero. Irene era con zia Clara in pellegrinaggio e Renate, come al solito, sarebbe rincasata quando tutti già sarebbero stati addormentati. Il buco della serratura era lì a portata di occhio, senza chiave e luminoso. Sentivo i miei genitori trafficare, armadi che venivano aperti e richiusi, passi che andavano e venivano dalla cucina. Tutto senza che fosse pronunciata una sola parola, niente sedie che cadevano, niente corse intorno al tavolo o quelle grida che spesso facevano più paura delle botte. Il buco della serratura seguitava a tentarmi. E così, non appena calato il silenzio nella camera dei miei fratelli, mi trovai davanti alla porta, con l'occhio appiccicato contro quel malizioso foro. C'era un secchio appoggiato sopra il tavolo da pranzo e papà vi lasciava cadere dei pezzi di carta. Per un attimo una lingua di fuoco fece capolino dal bordo. Poi apparve la mamma e la scena si ripeté.

Tornai di corsa a letto perché Renate poteva rincasare da un momento all'altro e non volevo correre il rischio di essere colta in flagrante. Continuai a pensare all'insolito postino del pomeriggio: sicuramente aveva portato notizie del passato che papà e la mamma cercavano di cancellare, altrimenti come si poteva spiegare il fuoco nel secchio?

Si trattava forse della Gestapo, o delle SS, davanti alle quali tutti tremavano e di cui nessuno che conoscevo aveva fatto parte? Che papà fosse stato nazista non era un segreto, anche se cercava di evitare l'argomento. Lui era stato soltanto un soldato, diceva, non uno di quei famigerati spioni che mandarono la gente nei campi di concentramento.

Certamente durante la guerra qualcuno si era macchiato di gravi delitti, questo però non spiegava perché tutti quanti si comportassero come se avessero qualcosa da nascondere. Fedeli a una specie di tacito accordo, gli adulti avevano eretto un muro di silenzio intorno al passato. Un silenzio, però, che faceva acqua da tutte le parti e nel quale noi ragazzi sguazzavamo senza l'aiuto di salvagenti. Ognuno era libero di credere alle scarne notizie che filtravano, di interpretarle e di sommarle ai brandelli dei propri ricordi. Io cercavo di non credervi, ma la massa dei sospetti che s'insinuava nella mia mente aveva già formato una valanga che, rovinandomi addosso, non avrebbe risparmiato nemmeno il mio sonno.

È notte. Mi trovo in una campagna dove una tribù di zingari è riunita intorno a un falò. Stanno fissando il fuoco e i loro visi sono illuminati dalle fiamme. Ogni donna tiene in braccio un bambino che dorme. Io sto vagando per il campo e nessuno si accorge di me. So di essere invisibile eppure temo di essere scoperta. Dal buio spuntano due mani che aprono un varco tra i cespugli di fronte a me e appare il viso di papà. A un suo grido di comando venti, forse trenta soldati armati di spade si lanciano sugli zingari. Io sto volando sopra gli alberi e non posso vedere né sentire grida di battaglia. Passa un momento e i soldati svaniscono nel buio, lasciando sul terreno un cerchio formato dai corpi inanimati e senza ferite. Papà è rimasto lì immobile e anche adesso che tutto sembra finito non segue i soldati. Sono presa dal terrore, devo assolutamente mandare via papà, ma non posso, so-

no senza corpo e senza voce. All'improvviso sento la voce di un bambino che piange, anche papà l'ha sentito e con la pistola in mano si sta avvicinando al fuoco. Io urlo e urlo come impazzita, ma lui non mi sente.

La mano calda della mamma sulla mia fronte mi svegliò. Era seduta sul bordo del letto e mi accarezzava. Mi chiese cosa mai avessi sognato di tanto terribile da farmi gridare come una matta.

Le risposi che non ricordavo nulla.

Il giorno seguente c'era in programma la tanto attesa gita scolastica per visitare il Duomo di Colonia e dovetti alzarmi molto presto. Papà si stava preparando per andare in cantiere. Sul tavolo, la sua vecchia borsa di pelle era gonfia di panini. Osservandola, scoprii di averla vista soltanto alla sera, quando era piatta, e mi rivelò che papà non era mai mancato un giorno dal lavoro, nemmeno dopo una sbornia da svenimento. Cercai di concentrarmi sul mio zaino, ma quella stupida borsa non mi lasciava in pace, sembrava volesse accusarmi. Per evitare di incrociare lo sguardo di papà feci finta di essere ancora mezza addormentata. Disgraziatamente ero sveglissima e ancora di più lo era la mia coscienza sporca. Avevo l'impressione che la mamma mi spiasse. E se avessi parlato nel sonno? Forse sapeva quale mostro si ridestasse in me di notte?

Faceva ancora buio quando uscii di casa per raggiungere a piedi il luogo del raduno. Il pullman non si era ancora mosso che tutta la classe aveva già cominciato a cantare a squarciagola. Bärbel, esuberante come sempre, era seduta accanto a me. In uno dei rari momenti di calma mi feci coraggio e le chiesi se ricordava qualcosa della guerra. La vidi irrigidirsi e quando mi guardò il sorriso era sparito dai suoi occhi. Dopo un istante di palpabile tensione, Bärbel disse: «Noi non c'eravamo». Per lei l'argomento era chiuso. La sua reazione quasi mi spaventò e fui sollevata nel sentire nuovamente la sua voce stonata aggiungersi allo sguaiato coro dei nostri compagni.

Arrivammo a Colonia nel più assoluto silenzio, alcuni di noi masticando altri combattendo contro la nausea.

17

Intorno agli undici, dodici anni cominciai a frequentare regolarmente il cinema, accompagnata quasi sempre da mio fratello. Portafoglio permettendo, ci andavamo ogni domenica pomeriggio, indipendentemente dal genere di film in programma. Qualche volta dovevamo portarci appresso anche Eva e la cosa non piaceva a nessuno perché lei, comprendendo meno della metà di quello che succedeva sullo schermo, continuava a disturbarci con le sue domande.

Quando i manifesti annunciavano un bel film per il week-end, la settimana era tutta dedicata alla ricerca dei soldi per il biglietto. Se la fortuna ci assisteva, il panettiere ci ingaggiava per trasportare il carbone dal marciapiede in cantina. Qualche volta ci pagava, qualche altra dovevamo accontentarci di un sacchetto di paste del giorno precedente. Prima che i lavori di ricostruzione chiudessero la nostra miniera, potevamo cercare pezzi di ferro tra le macerie e venderli al rigattiere.

I film che più mi appassionavano erano le storie d'amore, ambientate fra le montagne e con gli attori in costume tradizionale. La trama, più o meno sempre la stessa, non prevedeva mai che gli innamorati fossero entrambi poveri. Se lui, oltre che guardiacaccia, era anche un tenore, finivo col mangiarmi tutte le unghie. Tutto il mio immenso odio si riversava sul cattivo che si intrometteva tra i due amanti seminando zizzania. Fortunatamente, prima che la pellicola si srotolasse del tutto, l'equivoco veniva invariabilmente chiarito e i due amanti, e io con loro, finivano per vivere felici e contenti.

La cinematografia dell'epoca produceva un gran numero di film che esaltavano la splendida natura e i buoni e sani sentimenti della società tedesca. Anche se tra noi ragazzi circolavano da tempo strane voci, il modello più credibile rimaneva quello offertoci ogni domenica pomeriggio dallo schermo. Campi di sterminio per zingari, malati di mente ed ebrei erano una pura invenzione dei nemici creata per screditare i tedeschi. Anch'io propendevo per la teoria del nemico malintenzionato e, forse nel timore di fare brutte scoperte, non ero curiosa di sapere chi fossero esattamente questi nemici.

Il rispetto per i più deboli, la rettitudine e l'orgoglio dell'appartenenza erano i concetti base dell'insegnamento scolastico. Di Schiller avevo studiato le poesie, mentre Dante e Shakespeare non figuravano nemmeno nel noioso elenco delle date di nascita e di morte che dovevamo imparare a memoria. Non vi era famiglia che durante l'inverno si dimenticasse dei poveri uccellini: tutti costruivano casette o spargevano briciole di pane sui davanzali delle finestre. I cani in città erano invece pochi: li avevamo mangiati tutti, così si mormorava tra noi ragazzi. Il nostro crudele gioco tra vero e falso non lasciava alcuno spazio di riflessione sulle vittime, fossero pure esse vere o false.

E poi, come se volessero dimostrarci come durante una guerra tutti possono commettere atti di estrema crudeltà, le ultime classi delle medie furono accompagnate dai rispettivi insegnanti a vedere *Le campane di Nagasaki*, un film sull'esplosione della bomba atomica in Giappone.

Così mi ritrovai nel mio solito cinema, gremito di ragazzi tra i tredici e i quattordici anni, per la prima volta a tu per tu con una tragedia vera, vissuta da un popolo che conoscevo soltanto attraverso le poche nozioni apprese a scuola.

Durante la proiezione dovetti spesso chiudere gli occhi per non vedere e alla fine uscii dalla sala sconvolta e in lacrime. Anche tra i miei compagni di scuola molti piangevano, pensando al proprio padre caduto in guerra; io piangevo per quello che avevo visto sullo schermo. Piena di disprezzo per i cattivi americani, tornai a casa convinta che il mondo civile finisse ai confini della Germania.

Ma quando l'ondata d'indignazione che il film mi aveva rovesciato nell'anima perse di intensità, gli antichi sospetti cominciarono a riemergere più forti che mai. Era come se l'esplosione della bomba atomica, in quanto fatto realmente accaduto, avesse dato credibilità anche a tutto ciò che si andava dicendo dei nazisti.

Ricordo una sera davanti alla televisione, era tardi e stavo facendo zapping quando intercettai un programma in cui un uomo, credo ebreo, stava raccontando la sua condizione di deportato durante il nazismo. Alla domanda su quale fosse il ricordo più vivo di quell'esperienza, l'uomo si era alzato in piedi e aveva cominciato a gridare, ripetendo in lingua tedesca i comandi che gl'impartivano i suoi carcerieri. Stravolta dalle emozioni, cominciai a tremare e a piangere a dirotto.

Quelle grida le conoscevo, le avevo raccolte in un passato nebuloso, le avevo sentite a casa mia, le avevo poi rivissute drammaticamente nel giardino di un conoscente di mio padre.

I ricordi più sfumati e inafferrabili, i sospetti su mio padre e i sensi di colpa che camminavano a fianco sono fantasmi cresciuti nel mio volontario esilio dal mondo degli adulti, senza incontrare resistenza. A volte riemergono, anche a distanza di molti anni, per clonare altri fantasmi.

Il desiderio di abbracciare quell'uomo che gridava in televisione, di poter sentire il suo viso contro il mio, l'avrei voluto provare molto tempo addietro. Avrei voluto crescere tra persone che manifestavano la loro vergogna per ciò che era successo durante il regime nazista, invece mi sono trovata tra coloro che cercavano una giustificazione per ciò che avevano fatto. Per ciò che non avevano fatto.

A volte mi vengono in mente i figli di quei mafiosi che ammazzano a sangue freddo persone di grande valore morale, che uccidono bambini e gettano i loro corpi nell'acido. I loro fantasmi hanno un nome e un cognome, i nostri una nazionalità.

Nonostante avessi un carattere introverso, penso di essere stata una ragazza che gioiva, si disperava e si commuoveva come tante altre. Perché allora quel bambino che piangeva nei miei sogni non è mai riuscito a strapparmi una lacrima?

Non credo che questo dipendesse unicamente dal contesto famigliare, dove l'accesso alle informazioni non veniva certamente favorito. È probabile che, oltre alla scarsità, sia stata la qualità delle notizie che mi arrivavano alle orecchie a far sì che non proseguissero oltre, fino al cuore.

Le vittime del nazismo erano per noi un'entità astratta: non avevano volto né qualcuno che piangesse per loro. Nessuno ci raccontava la loro storia personale; esistevano soltanto al plurale. Avevo visto di sfuggita i loro miseri corpi su una fotografia; il cassone di un camion, senza croce e senza fiori, era la loro bara. Li avevano derubati dei loro capelli, dei vestiti e delle nostre lacrime. Ma le loro anime fluttuavano nell'aria, si rispecchiavano negli occhi dei nostri genitori, in attesa di approdare alla nostra coscienza.

18

Zia Clara era sulla cinquantina, vestiva abiti eleganti anche quando andava in bicicletta e non usciva mai di casa senza cappellino; era sempre lo stesso ma decorato in cento modi diversi. I suoi capelli bianchi, finissimi e lisci, raccolti sulla nuca, formavano una specie di piccola michetta dalla quale spuntava un incredibile numero di forcine. Di lei si diceva che fosse un po' svitata, cosa piuttosto frequente in un ambiente come il nostro dove era sufficiente un po' di stravaganza per superare la linea di confine tra normalità e «svitatezza». Finché non ebbi l'occasione di conoscerla meglio, anche la mia opinione su di lei fu condizionata dal conformismo famigliare.

La sua fede nella Madonna era così grande che le disavventure terrene non avevano minimamente intaccato il suo carattere estroverso e allegro. Zia Clara era apprezzata in famiglia come mediatrice: quando due parti entravano in conflitto, arrivava lei per normalizzare la situazione. Le sue missioni di pace in casa nostra non erano prive di rischi perché papà, quando si sentiva messo alle strette da validi argomenti, finiva col reagire in modo offensivo. Fortunatamente lui, che di fronte alla famiglia mal tollerava le critiche, con lei aveva sempre frenato se non la lingua almeno le mani.

La zia abitava in una camera con un lavandino per tutti gli usi; il gabinetto era in comune con una coppia di anziani brontoloni che occupavano le restanti stanze dell'appartamento. Era talmente ossessionata dall'idea di disturbare il sonno del suo padrone di casa da tenere sotto il letto un vaso di vetro per i suoi bisogni notturni. Anche di giorno quel rompiscatole condizionava la vita della zia costringendo lei e i suoi ospiti a muoversi con passo felpato.

Per andare in giro, la zia usava una bicicletta con le gomme piene. Qualche volta, quando andava a trovare amici o parenti che abitavano in campagna, mi chiedeva di accompagnarla. Più che di visite di cortesia, le sue erano missioni, dal momento che non rinunciava mai al tentativo di convertire al cattolicesimo qualche anima protestante. Alla fine, chi ci guadagnava ero io che spesso riuscivo a racimolare un po' di burro, qualche uovo fresco e, se la crociata della zia transitava nelle vicinanze dello zuccherificio, anche un barattolo di melassa. Per quel po' di bene materiale che io raccoglievo, la zia non ottenne mai nessuna conversione. Sembrava non accorgersi dell'atteggiamento canzonatorio che alcuni assumevano davanti a lei. La dieta monotona e povera, ricca soltanto di surrogati, mi rendeva facilmente ricattabile, sicché mi succedeva di scambiare vigliaccamente sguardi d'intesa con l'insolente di turno.

Ero convinta che la zia fosse vedova di guerra, ma un giorno, tornando da una delle nostre spedizioni gastro-religiose, le domandai se conoscesse il luogo dove suo marito era sepolto. Camminavamo una accanto all'altra, spingendo le nostre biciclette, per evitare di finire nei profondi solchi scavati dai carri che la pioggia aveva riempito d'acqua. Continuando a camminare e guardando avanti la zia mi rivelò che suo marito era stato ucciso dalle SS. Poi si fermò e mi guardò, forse voleva vedere l'effetto che la sua rivelazione aveva fatto su di me. Presa alla sprovvista, non mi venne in mente altro che bofonchiare un « Mi dispiace ».

Ero emozionata, quasi felice per il nuovo stato di intimità che sentivo nascere tra di noi. Dopo un po' la zia riprese a parlare di sé e delle sue disavventure. Avevano avuto inizio ancora prima che scoppiasse la guerra, quando lavorava come infermiera in un ospizio. Mi raccontò che da un certo momento in poi molte persone anziane e malate furono improvvisamente trasferite altrove e che di loro si perse ogni traccia. La cosa si era ripetuta altre volte e quando zia Clara cercò di sapere che fine avessero fatto, commise l'imprudenza di confidare i propri sospetti alla persona sbagliata. In quel periodo l'invasione della Polonia era già avvenuta e così, con il pretesto della guerra, a tutto il personale dell'ospizio fu proibito di uscire senza un permesso speciale. Cominciavano a circolare voci di un progetto che prevedeva l'eliminazione delle persone inutili, ma la paura era tale che tutti facevano finta di non saperne nulla. E così, nel silenzio generale, tante persone non autosufficienti continuarono a scomparire da quell'istituto e nessuno mosse un dito per scoprire il loro destino. Quella situazione durò fino al giorno in cui l'edificio fu circondato dalle SS. La zia, temendo che i soldati fossero arrivati per ridurre al silenzio dei testimoni scomodi, si lanciò dalla finestra del secondo piano, senza farsi male, fortunatamente. In seguito continuò a spostarsi da un luogo all'altro, sempre con la paura di cadere nelle mani delle SS.

Eravamo arrivate sulla strada asfaltata e la zia terminò il suo racconto. Prima di inforcare la bicicletta, si raccomandò di non fare parola con nessuno di tutto ciò che mi aveva raccontato. Pedalava davanti a me e le ruote con le gomme piene facevano tremolare il suo corpo grassoccio. Povera zia, pensai, ha ancora paura. Avevo sempre pensato a lei come a una donna forte e decisa, eppure in quel momento mi appariva indifesa come una bambina.

Mi portai al suo fianco e, cosa che non avevo mai fatto prima, cominciai a parlare di mio padre e di quando era ubriaco. Le confidai anche che non riuscivo a scacciare dalla mia mente la frase che lui aveva gridato quella notte durante il sonno. Ma del mio incubo non feci parola. Come se parlasse a se stessa, la zia continuò affermando che tutti dovrebbero sognare, anche chi non ha commesso niente di male, perché a volte il male sta proprio nel non fare niente. Mi confermò anche che le storie sentite sui nazisti erano tutte vere, mettendomi un'altra volta in guardia di non parlarne con nessuno. Quelli, sostenne, erano ancora tra di noi e facevano di tutto pur di nascondere la verità.

Accompagnai zia Clara fin sotto casa; quasi come se mi leggesse nel pensiero, salutandomi mi promise: «Di tuo padre continueremo a parlare un'altra volta, ora torna subito a casa che ti aspettano per la cena».

19

Alla visita medica annuale della scuola risultai anemica, carente di calcio e, oltre ai piedi piatti, gli esami rivelarono un'ombra che offuscava i miei polmoni. In contrasto con questo quadro disastroso, io mi sentivo in gran forma, correvo come una lepre e l'appetito non mi mancava. Il medico mi prescrisse del calcio e un soggiorno di alcune settimane in montagna. Così, non ebbi più occasione di incontrare zia Clara da sola. I preparativi e l'emozione per l'imminente vacanza tennero occupata la mia mente, facendo passare in secondo piano altri pensieri.

Alla vigilia della partenza, con la scusa che all'indomani avrei dovuto affrontare un lungo viaggio, fui mandata a letto presto. Heinrich ed Eva dovettero fare altrettanto. Per la mamma ogni pretesto era valido per spedirci a letto, un'imposizione particolarmente odiosa durante l'estate quando il sole splendeva ancora e le voci dei ragazzi giungevano dal cortile. Era ovvio che alzandosi ogni mattina alle cinque mamma arrivava stanca alla sera, specialmente quando papà si mostrava gentile con lei.

A un certo punto fui svegliata da Eva che, in piedi davanti al mio letto, dava degli strattoni al piumino. In soggiorno i nostri genitori stavano litigando e probabilmente erano state le loro grida a svegliarla. Feci posto a Eva che si infilò nel mio letto e spinse subito i suoi piedi gelati contro i miei. Sentivo crescere dentro di me la rabbia, un sentimento che presto mi trasformò in una sorella maggiore gigante. Non sopportavo più quelle urla, quelle parole oscene che attraversavano la porta e facevano tremare Eva. Allora infilai la testa sotto il piumino e, tappandomi la bocca, diedi sfogo alla mia ribellione cominciando a gridare con tutta la forza che avevo in corpo. Dopo un attimo di stupore, Eva seguì il mio esempio e quando entrambe fummo esauste ci prese la ridarella.

Il mattino seguente la mamma mi aiutò a portare la pesante valigia fino alla stazione. Per avere biancheria sufficiente per un mese lasciai le mie sorelle quasi senza mutande e magliette. Ero impaziente di vedere le montagne, finalmente dal vero. A ogni fermata del treno il numero dei ragazzi aumentava, e quando ci lasciammo alle spalle la pianura il vagone brulicava di giovani pallidi provenienti dalla regione industriale della Ruhr.

Superata Bonn, il Reno perse il suo aspetto oleoso e plumbeo e un mondo sempre più bello cominciò a scorrere davanti ai miei occhi. Sulle pendici del Siebengebirge spuntavano a malapena dal verde le rovine dei castelli e riconobbi la rupe dove la bella Lorelei pettinava i suoi capelli biondi, mandando a sbattere contro le rocce gli ammiratori che navigavano sul Reno. Le mie eroine avevano tutte lunghi capelli biondi.

Era ancora chiaro quando arrivammo a destinazione; giusto in tempo per domandarmi perché mai quegli splendidi boschi verdi fossero stati chiamati Foresta Nera.

Nei giorni seguenti gli abitanti del luogo poterono osservare quella folla di ragazzi che, ordinatamente in fila per due, andavano nel bosco cantando a respirare aria buona. Sfilai davanti agli sguardi diffidenti di gente che pareva sentisse la propria pace messa in pericolo. Forse non sapevano che la maggior parte dei miei compagni erano orfani. Forse non sapevano che molti di noi erano turbati da spaventosi incubi di cui non sapevano spiegarsi l'origine. Forse non sapevano che le mutande mi scivolavano continuamente giù perché erano di mia sorella.

Dormivo in una camerata insieme a una decina di ragazze più o meno della mia età. Eravamo tutte allegre e felici di trovarci in compagnia di una natura così splendida.

Una notte, verso la fine della prima settimana, sentii un pianto sommesso provenire dal letto accanto al mio. Era la ragazza che avevo già notato nei giorni precedenti per il suo comportamento piuttosto strano. Si teneva sempre in disparte e non c'era verso di coinvolgerla nelle conversazioni. Le domandai perché stesse piangendo: cominciò a singhiozzare ancora più forte. Preoccupata, feci segno con la mano di fare piano per non svegliare le altre e poi, per confortarla, le confessai di soffrire anch'io di nostalgia. Non era vero, ma in quel momento per farla smettere non mi venne in mente nient'altro. La ragazza allora si decise a parlare, chiarendo che non soffriva affatto di nostalgia, ma che aveva sognato la sorellina scomparsa misteriosamente due anni prima.

Saltai giù da letto, mi sedetti sul bordo del suo e l'invitai a confidarsi con me, promettendo che avrei mantenuto il segreto. Cominciò così a raccontare di quel giorno fatale, quando insieme alla madre e alla sorellina di cinque anni erano andate al parco. Si erano sedute su una panchina a leggere e la piccola giocava con altri bambini. Mi raccontò della sua disperazione quando si accorsero che la sorellina non c'era più. L'avevano inutilmente cercata per ore e ore. Più tardi vennero a sapere dalla polizia che alcuni testimoni l'avevano vista lasciare il parco in compagnia di un uomo. Qualche tempo dopo, in un bosco non lontano da casa, fu trovato il suo vestitino macchiato di sangue.

Il racconto mi aveva sconvolto e non seppi fare di meglio che sentenziare: « Tua sorella è sicuramente in paradiso ».

Per tutta la giornata seguente ebbi l'impressione che volesse evitarmi. E alla sera, quando ci trovammo ancora vicine, mi augurò la buonanotte e si addormentò di colpo. Non partecipò nemmeno al coro delle risate che si scatenò quando una delle nostre compagne, alla quale avevamo nascosto una spazzola in fondo al letto, cominciò a strillare.

Quella sera nella camerata il silenzio era calato più tardi del solito. Stavo per addormentarmi quando la ragazza scostò le coperte, scese piano dal letto e con le braccia tese in avanti si mosse lentamente verso la finestra aperta. Spaventata chiamai aiuto. Accorsero in quattro o cinque e una di loro tutta agitata mi disse di correre a chiamare qualcuno. Quando poco dopo tornai con la sorvegliante, la sonnambula, seguita in silenzio dalle compagne, stava per tornare nel suo letto. Una volta distesa, si tirò le coperte fin sopra la testa e continuò a dormire come se nulla fosse successo.

La sorvegliante rimase di guardia, seduta dietro la porta di vetro, e nella camerata presto tornò la calma.

L'immobilità della ragazza vicino a me non mi convinceva. Avevo per lei sentimenti contrastanti: mi pareva una simulatrice, ma mi faceva anche pena, pensando che fosse uscita di senno quando era stato rinvenuto il vestito insanguinato della sorellina. All'improvviso mi apparve l'immagine di un altro vestito che molti anni prima si era macchiato di sangue. L'avevo completamente dimenticato. Al mio ritorno a Wesel ne avrei parlato con zia Clara.

L'argomento di discussione del giorno seguente fu naturalmente il sonnambulismo, del quale avevamo tutti idee piuttosto romanzate. Fu durante il pranzo che ci informarono che la nostra sonnambula era stata riaccompagnata a casa.

« Cose da matti! » esclamò una ragazza del nostro tavolo. « Mi domando come sia possibile provare nostalgia per un orfanotrofio dove ti fanno lavorare come una schiava e in più ti trattano male. »

A quel punto mi sentii autorizzata a infrangere la promessa fatta due sere prima e raccontai la storia della terribile disgrazia capitata alla nostra compagna.

Non so quale delle due versioni fosse più tragica, ma ognuna di noi difendeva a spada tratta la propria, cercando proseliti tra le altre commensali. Prima che finissimo col prenderci per i capelli, le altre compagne ci convinsero ad andare dalla sorvegliante e svuotare il sacco; speravamo di scoprire quale delle due storie fosse quella vera.

Non rimasi delusa e neppure sorpresa apprendendo che la nostra sfortunata amica viveva invece con la nonna, e della sorellina scomparsa tragicamente non se ne sapeva nulla.

Sarà stato per la nostalgia di Heinrich e di Eva, o per la vista del letto vuoto accanto a me, ma quella sera mi venne da piangere. Dalle finestre aperte entrava l'aria balsamica degli abeti che avrebbe dovuto cancellare l'ombra dai miei polmoni. L'illuminazione esterna proiettava una selva sul soffitto. Prima che le ombre potessero assumere forme sinistre, girai la testa posando la guancia sul cuscino. Sentendo che era bagnato, balzai in piedi colta da terrore. Erano soltanto lacrime, eppure il mio cuore continuava a battere forte. Cercai di pensare ad altro, ma quel vestito macchiato di sangue continuava a riemergere tra i miei pensieri. Aveva dei fiorellini stampati sul tessuto lucido. L'indossavo io, ma il sangue non era mio. Quale misterioso delitto si era consumato fra le mura di quel vecchio edificio della caserma? Maiale, coniglio, gallina o essere umano: chi di questi era stata la vittima?

Un pensiero inquietante mi balenò nella mente: se papà si trovava sul fronte russo, perché la mamma abitava con noi figli nella caserma?

Le mie ninnananne erano spesso composte di tanti perché, e se qualche volta non conciliavano il sonno era poiché mi inducevano a risposte inconfessabili.

20

Una delle nostre consuete passeggiate ci portò, attraverso i campi, verso la foresta oltre il ruscello. In mezzo a un prato, un ragazzo che stava rivoltando l'erba tagliata si fermò a guardarci. Il suo esile corpo sembrava uscire da una botte tanto erano grandi i suoi pantaloni di pelle appesi alle bretelle. Poco distante un uomo gli gridò: «Ehi caprone, cosa stai a perdere tempo!»

Fuori di me dalla rabbia mi voltai verso le compagne ed esclamai: «Quel porco non sa ancora che il nazismo è finito!»

Le ragazze scoppiarono a ridere e una di loro mi ammonì: «Parla piano, quello ha in mano un forcone».

Non ero pentita della mia reazione impulsiva, tuttavia tirai un respiro di sollievo vedendo che non mi aveva sentito.

Nonostante i luoghi splendidi, l'eccellente cucina e l'allegra compagnia di tante ragazze, c'era qualcosa che mi agitava. La scarsa simpatia che fin dai primi giorni avevo provato nei confronti della popolazione locale si era gradualmente evoluta in aperta avversione. Una delle poche volte che un abitante del posto si era rivolto a noi chiedendoci da dove venivamo, avevo risposto con cattiveria: «Dalla Ruhr e siamo tutti orfani!»

Eppure le mie aspettative non erano andate deluse perché le montagne, i prati circondati da boschi e i costumi della gente erano proprio come li avevo visti nei film. Quelle belle case, tutte intatte e con i fiori sui balconi, mi mettevano di cattivo umore. A casa nostra le bombe avevano rovinato ogni cosa, anche le persone. Sui nostri davanzali c'erano le briciole per gli uccellini e, dietro i vetri delle finestre, i ciclamini nei vasi avvolti nella carta crespa con il bordo arricciato.

Mentre su da noi al cinema ridevo a crepapelle per le battute in dialetto, qui non le capivo proprio. I miei sogni che esistessero luoghi particolari, abitati da gente speciale, erano andati a dissolversi proprio lì, tra i meravigliosi boschi della Foresta Nera.

Nonostante il mio spirito di ribellione sempre più forte, le restanti settimane passarono in fretta e alla fine mi trovai addosso persino un chilo in più. Salutai euforica le ragazze e le poche lacrime versate furono soprattutto per la gioia di poter rivedere la mia famiglia.

21

A casa mi aspettava una grande novità: entro l'anno Renate si sarebbe sposata. Da qualche mese il suo fidanzato frequentava casa nostra all'ora dei pasti. Aveva qualche anno più di mia sorella, una bella voce, suonava benissimo la chitarra ma, come saldatore altamente specializzato, si sentiva incompreso e sfruttato. Per questa ragione aveva cambiato spesso posto di lavoro e le mie previsioni erano che le cose non sarebbero cambiate.

Preoccupata per il futuro di Renate, decisi di parlarne con la mamma.

«Cosa vuoi fare, l'amore rende ciechi», fu il suo sbrigativo commento.

Ero indignata, perché mia madre cercava di trattare con disinvoltura un problema per me molto serio; così, le risposi: «Sarà come dici tu, ma io ho l'impressione invece che alla nostra Renate si sia offuscata la vista dalla smania di lasciare questa sgangherata famiglia».

Il suo sguardo sembrò volesse incenerirmi e per un istante temetti che mi mollasse una sberla.

«Se hai qualcosa da ridire su questa famiglia dillo a tuo padre», affermò contrariata. «Cosa ti è successo? Da quando sei tornata dalle montagne hai assunto un atteggiamento indisponente.»

Poiché per la mamma essere ben educati voleva dire star sempre zitti, mi guardai bene dal rispondere come avrei voluto. La velata minaccia di farsi ambasciatrice delle mie malefatte aveva, come sempre, funzionato. Benché da un po' di tempo venissi risparmiata dalle cinghiate di papà, il desiderio di preservare l'incolumità del mio sedere aveva prevalso ancora una volta.

Nei mesi seguenti in famiglia successe di tutto. Eva subì una serie di interventi chirurgici su alcuni grossi foruncoli che le erano spuntati sul fondoschiena; a me tolsero le adenoidi, ritenute la causa delle mie agitazioni notturne; la febbre reumatica si accanì contro la povera Renate.

L'unica che non lamentava alcun disturbo (a parte i suoi denti terribilmente sporgenti) era Irene. Aveva tutte le ragioni per prendersela perché succedeva troppo spesso che qualcuno paragonasse la sua dentatura a quella di un cavallo.

In mezzo a quel va' e vieni tra casa e ospedale, papà era improvvisamente partito per l'Afghanistan. Gli era stato offerto un ingaggio come capocantiere da una grande impresa edile tedesca che aveva vinto l'appalto per la costruzione di uno stabilimento tessile a Gulbahar. Io, che pure ero considerata come la più brava della classe in geografia, sino a quel momento non avevo mai sentito nominare quel Paese.

Era passato poco tempo dalla partenza di papà che la nostra famiglia si ridusse ancora, quando Renate, sposa felice, andò ad abitare nella sua nuova casa. Poi fu il turno di

Irene che, avendo trovato lavoro come cameriera in un ristorante, si trasferì in un'altra città.

Adesso in famiglia ero la più grande e, non avendo più altre paia di piedi prima dei miei, potevo sperare di portare scarpe nuove e di scegliere finalmente un modello che piacesse a me prima degli altri. Come sempre, la melassa mi colava dal panino facendomi arrabbiare: ora però scivolava sul burro invece che sulla margarina. Intorno a noi le macerie delle case bombardate erano state rimosse ormai quasi del tutto e l'erba cresciuta ingentiliva i terreni spianati. Le strade con i loro marciapiedi attraversavano la città che non c'era più. I pochi edifici ricostruiti parevano voler sottolineare il desolato vuoto che si stendeva intorno. Soltanto camminando lungo la strada principale, con le vetrine dei negozi che suggerivano nuove esigenze, si aveva la sensazione di trovarsi in una città.

Con papà lontano in Afghanistan, zia Clara veniva molto più spesso a trovarci ma, pur chiacchierando volentieri, non si lasciò mai sfuggire una sola parola delle confidenze che le avevo fatto. Da parte mia, non cercai mai di restare sola con lei: le paure e i sospetti che mi avevano inseguita fin dentro ai sogni sembravano essersi dileguati insieme a mio padre.

22

Stavo finendo l'ultimo anno delle medie e zia Clara già si agitava per trovarmi un posto dove imparare un mestiere. A scuola avevo sostenuto un esame attitudinale dal quale, con grande sorpresa di tutti, ero risultata portata per il disegno. Mi suggerirono di intraprendere la carriera di disegnatrice di moda, che comprendeva un periodo di praticantato presso una sarta o una modista. Ero consapevole di aver involontariamente ingannato la commissione disegnando una donna con un abito lungo, ornato di grandi fiori. Avevo preso l'ispirazione da un film, visto tempo prima, con marinai, palme, tanta musica e belle ragazze hawaiane. In seguito, quando faticavo a concentrarmi sui compiti, sognavo spesso di vivere su un'isola tropicale e allora, come ad alcuni capita di mangiarsi le unghie, così a me succedeva di disegnare quel bel figurino. Alla fine, a forza di ripeterlo, mi riusciva pure bene, ma non avevo né amore né confidenza con matite e colori.

Così, a causa di un vizietto, iniziai a lavorare in un elegante negozio di cappelli, il cui laboratorio era situato sulla strada principale di Wesel. Il mio apprendistato iniziò così: spazzare il marciapiede, lavare le vetrine e raccogliere le spille dal pavimento. Più in là nella carriera non andai. Un giorno fui mandata prima di mezzogiorno, quindi a stomaco vuoto, a comprare dei mandarini e così, strada facendo, finii col mangiarne due. Profumavo ancora di agrumi quando commisi l'errore di negare il fatto, scappando via offesa.

L'unica frase che la mamma mi rivolse dopo il fattaccio fu: «Tuo padre si è sempre spaccato la schiena per farvi crescere onesti, vuoi dirmi adesso cosa devo fare con te?»

In seguito, tutte le volte che i nostri sguardi si incrociavano, il suo non diceva nulla, come se per lei non esistessi. Ero avvilita e cominciai a credere che non avrei mai più trovato un altro lavoro a Wesel.

Per due stupidi mandarini il crudele mondo degli onesti mi era crollato addosso seppellendo anche il mio futuro. Non bastava il senso di colpa a farmi soffrire, ci si metteva anche la mamma col suo silenzio da addolorata, alimentando in me pericolosi pensieri autolesionisti. Volevo farmi del male per scuoterla, per punirla, per costringerla a consolarmi. Il rischio che, pur di uscire da quella palude nella quale ero finita, la combinassi grossa diventò evidente con l'apparire di macchie rosse su viso e collo, inappetenza e crisi respiratorie. La tensione era diventata insostenibile, quando scoppiai in lacrime e cominciai a gridare: «Nella tua vita non hai mai fatto altro che stare soltanto a guardare; vivere accanto a un fantasma come te mi ha fatto venire nostalgia delle cinghiate di papà».

Lei, più sorpresa che offesa, mi guardò e rispose con calma: «Tu non potrai mai capire». E se ne uscì lasciandomi sola in cucina. Avevo voluto ferirla e ci ero riuscita, ma ora mi sentivo peggio di prima. Adesso si era chiusa in soggiorno e sicuramente stava piangendo. Sembrava che la testa stesse per scoppiarmi e dovetti trattenermi dall'urlare. In preda allo sconforto presi la decisione di lasciarmi morire di fame. Già mi vedevo debole e pallida su un letto mentre intorno a me tutti mi supplicavano di prendere un po' di cibo.

Infervorata per il nuovo corso che da quel momento in poi la mia vita avrebbe preso, andai in soggiorno dove trovai la mamma che mi attendeva. Sorridendo mi chiese di accompagnarla a fare la spesa perché, disse, entrambe avevamo bisogno di distrarci. Così accantonai i funesti propositi e, sollevata nello spirito, uscii all'aria aperta insieme a lei.

Dello spiacevole incidente non si parlò più. Non avevamo l'abitudine di confrontarci, la nostra era una famiglia che si mostrava unita verso l'esterno, ma i problemi dell'anima ognuno doveva risolverli per proprio conto, o trascinarseli appresso per il resto della vita. La mia sfuriata non ebbe, in apparenza, alcuna conseguenza, né positiva né negativa. Mi chiusi nel ben collaudato silenzio e la mamma sembrò contenta di vedermi tornare la ragazza di sempre.

Genitori, fratelli, zie, amici: erano davvero tante le persone che rendevo contente grazie al mio silenzio.

Ho scritto queste pagine in un momento della mia vita segnato da un grande dolore, quando le pene patite durante l'infanzia mi apparivano argomenti fuori luogo. Oggi quei timori si sono dileguati, lasciando inalterato soltanto l'imbarazzo per il mio italiano da autodidatta.

Non avevo parlato della vergogna, quel tormento che puntualmente mi assaliva vedendo mio padre barcollante varcare la soglia di casa. «Speriamo che nessuno l'abbia visto»: speranza quanto mai inutile dal momento che succedeva, con esasperante puntualità, ogni fine settimana. Al primo urlo, il mio pensiero correva ai vicini, che avrebbero potuto sentirlo, che all'indomani avrebbero suggerito alla mamma di denunciarlo o di portare pazienza, che avrebbero voluto soltanto sapere, che avrebbero detto: «Oh, poveri bambini».

Il giorno dopo, la mamma appariva quella di sempre: portava serenamente i lividi che aveva sulle braccia. «Mettiti la camicia con le maniche lunghe», le dicevo, quando si apprestava a uscire di casa.

Mi vergognavo quando andavo a fare la spesa e dovevo dire: «Passerà la mamma a saldare il conto», cosciente che i soldi li aveva sperperati mio padre all'osteria.

23

Ogni settimana arrivava la tanto attesa lettera che papà aveva puntualmente imbucato una quindicina di giorni prima. La mamma la leggeva, a volte toglieva una o più pagine, e poi la passava a me. A causa delle affettuose parole, scritte con una bellissima calligrafia, tanto da sembrare stampate, stentavo a riconoscere nell'autore di quelle lettere mio padre. Mi pareva impossibile che quell'uomo afflitto dalla nostalgia della sua famiglia fosse il medesimo che, quando era ubriaco, ci picchiava selvaggiamente con la cintura dei suoi pantaloni. Descriveva le abitudini della gente afgana; il Paese, con le sue montagne spoglie e inaccessibili e la nostra casa che aspettava di essere arredata dalla mamma. Giurava di aver smesso di bere ed esponeva i suoi progetti per il nostro futuro. Sebbene la sua visione dell'avvenire profumasse eccessivamente di rose e fiori, per me era ugualmente emozionante sognare insieme a lui.

Un giorno trovai, ovviamente non per caso, i fogli che la mamma aveva sottratto dalle lettere di papà. Venni così a sapere, prima che qualcuno decidesse di comunicarmelo, che soltanto lei, Heinrich ed Eva sarebbero partiti per l'Afghanistan. Io li avrei raggiunti in un secondo tempo, quando le finanze famigliari l'avessero permesso. Se grande fu la delusione, ancora più duro fu dover necessariamente far finta di non saperlo.

Proseguendo nella mia lettura clandestina, trovai i toni di papà a tratti patetici, soprattutto quando sosteneva che, una volta in Afghanistan, mia madre l'avrebbe di nuovo amato, come se un Paese o addirittura lui avessero il potere di far dimenticare il passato. Come poteva non ricordare l'espressione di rigetto sul viso della mamma ogni volta che lui le si avvicinava con tenerezza? Come poteva sperare che, cambiando lui, sarebbero cambiati anche i sentimenti di lei?

E se invece ciò fosse stato possibile? Le illusioni di papà mi stavano contagiando e cominciai a vedere nella mamma l'ostacolo maggiore alla realizzazione di quei sogni tanto belli quanto improbabili. Mia madre e il suo sottrarsi all'affetto coniugale diventarono così causa e colpa dell'alcolismo e della violenza di mio padre, apparentemente senza altri motivi. Come madre non aveva forse il dovere di proteggerci dalle cinghiate? Avrebbe dovuto mostrarsi più arrendevole poiché era ben consapevole che, una volta provocata l'ira, mio padre avrebbe picchiato nel mucchio alla cieca, e in quel mucchio c'ero anch'io.

Ma quel castello accusatorio che stavo costruendo contro mia madre crollò miseramente quando mi capitò fra le mani una pagina in cui mio padre esprimeva pesantissimi giudizi nei riguardi del nonno e della zia Clara. Li accusava con parole volgari di avere sempre aizzato mia madre contro di lui e imputava loro la colpa del suo rifiuto di raggiungerlo in Afghanistan. La supplicava di cambiare idea, altrimenti sarebbe venuto a prenderla. Ovunque si fosse nascosta, l'avrebbe trovata e allora non se la sarebbe cavata.

Non c'era la data, ma dalla posizione dei fogli supponevo che fosse una delle prime lettere che aveva mandato. L'ipocrisia, e non soltanto quella di mio padre, mi lasciò l'amaro in bocca. Mi ci era voluto poco per sacrificare la mamma sull'altare della colpa. « Bastardo », avrei voluto gridargli, in faccia. « Passi dalle dichiarazioni d'amore alle minacce come se per te non ci fosse alcuna differenza. »

Qualunque cosa mia madre sperasse o temesse, aveva cambiato idea ed era pronta a lasciare la Germania. Poco alla volta mobili e suppellettili della nostra casa furono venduti, regalati o imballati. Col passare dei giorni le grandi valigie si riempirono e le stanze si svuotarono.

Dal giorno in cui mi fu ufficialmente comunicato che la mia partenza era stata rinviata, Heinrich ed Eva si comportarono molto carinamente con me, non sapendo che avevo incassato il colpo da parecchio tempo. Sarei stata affidata alle cure di Renate o Irene, il che in pratica significava rimanere sola. La prospettiva di passare un periodo d'indipendenza pressoché totale non mi dispiaceva affatto, perciò il mio vittimismo fu contenuto.

24

Non avevo ancora quindici anni quando, alla vigilia della partenza della mia famiglia per l'Afghanistan, fui piuttosto frettolosamente sistemata presso mia sorella Irene. Andai a condividere con lei la bella mansarda sopra il ristorante in cui lavorava. In cambio di vitto e alloggio avrei dovuto dare una mano in cucina.

All'inizio mi divertii abbastanza. Irene passava le serate in camera con me e si chiacchierava fino a notte inoltrata. Per rendere l'ambiente più accogliente, avevamo preso dal ristorante alcuni oggetti, compreso un portacenere anche se nessuna di noi fumava. Il calendario fu privato del mese di maggio, incorniciato e appeso al muro.

Ma dal giorno in cui Irene conobbe un ragazzo, la mia indipendenza si trasformò in solitudine. Ero letteralmente prigioniera della nostra bella mansarda, riscaldata da una stufetta elettrica che con l'inverno in agguato era assolutamente insufficiente.

Ogni qual volta mi affacciavo alla finestrella, nella casa dirimpetto un signore in pigiama azzurro mi mostrava quello che non desideravo vedere. Finché tenevo la luce accesa, o mi avvicinavo furtivamente alla finestra per spiare se era ancora lì, lo costringevo praticamente a passare le serate col pene in mano.

Al mattino, mentre pelavo montagne di patate, il brontolio proveniente da una grande pentola nella quale bollivano molte ossa con pochi brandelli di carne mi teneva compagnia. La cottura iniziava il lunedì, il martedì si aggiungevano altre ossa e così via per i restanti giorni della settimana. Man mano che il livello delle ossa saliva, potevo stabilire, sia dall'odore che dal colore, quale fosse il giorno della settimana.

Come era facilmente prevedibile, a Irene capitò di trovare un lavoro migliore e così fui abbandonata al mio destino. Per la mia muta obbedienza avevo guadagnato la benevolenza della padrona che mi offrì di rimanere anche senza Irene, con uno stipendio quasi regolare. Il mio silenzio aveva colpito ancora e diventai una sguattera professionista.

A intervalli irregolari arrivava con la posta dall'Afghanistan la promessa che presto avrei potuto raggiungere la famiglia, accompagnata da un assegno di venti dollari americani.

Quell'inverno piombò con tutta la sua durezza e nella mia graziosa e gelida cameretta mi presi un bell'accidente. Chiamata dalla padrona, Renate accorse e, trovandomi delirante per la febbre e senza assistenza medica, decise di portarmi a casa sua. Così si concluse anche la mia breve carriera di sguattera.

25

Trascorsi una settimana tormentata dalla febbre, con i brividi e il sudore che si alternavano con tale frequenza da togliermi ogni forza. Lottavo contro il sonno per il timore, una volta addormentata, di dover scappare terrorizzata davanti ai cani feroci che mi inseguivano. Riapparvero gli zingari col bambino che piangeva, ma la regia dei miei incubi aveva eliminato la scena di papà con la pistola. Da sveglia, ci pensai io ad aggiungere la parte mancante. Il ricordo della prima volta era ancora intenso e indelebile, tanto da rendere immodificabile il copione del sogno.

A forza di impacchi freddi e di aspirine, Renate riuscì finalmente a vincere la febbre e di conseguenza anche lo spauracchio della polmonite. L'influenza mi aveva lasciato l'intestino in disordine perché la mia cara sorella aveva ereditato dalla mamma la teoria secondo la quale una pronta guarigione si poteva ottenere soltanto attraverso una sostanziosa e abbondante alimentazione. E così passai dal letto alla stanza da bagno.

Renate, che in passato si era sempre eclissata, aveva assunto il suo ruolo di sorella maggiore, decidendo che sarei rimasta con lei finché la brutta tosse non fosse passata; in seguito mi avrebbe procurato un posto dove sarei stata al riparo dai pericoli del mondo. L'idea di partire per l'Afghanistan era diventata una speranza cronica con la quale convivevo, tra alti e bassi, abbastanza serenamente.

Mia sorella sembrava felice e, contrariamente alle mie pessimistiche previsioni, suo marito lavorava da quasi un anno nello stesso posto. Sgobbavano tutti e due per poter realizzare i loro progetti, ai quali lei credeva sicuramente più di lui. A turbarmi non furono tanto le ambizioni di Renate quanto la sua convinzione di doversi trasferire in un altro luogo per soddisfarle. Quell'idea di traslocare per realizzarsi la conoscevo bene, aveva fatto di me una sguattera. Il pensiero che anche lei potesse avere sulla schiena un'ingombrante zavorra di ricordi non mi era sino ad allora passato per la mente. Aveva cinque anni più di me, e li avevo visti sempre e soltanto come un vantaggio.

Come sua abitudine, Irene era sparita dalla circolazione; l'avremmo forse rivista un giorno quando avesse avuto bisogno di ospitalità o un nuovo fidanzato da presentarci.

Guarita anche dagli effetti collaterali dell'influenza, decisi di prendere l'autobus e andare a Wesel a trovare zia Clara. Volendo farle una sorpresa, non l'avevo avvisata e non la trovai in casa. Piuttosto di attenderla davanti alla porta, sotto l'inconsistente sole invernale, preferii fare una passeggiata per rivedere la nostra vecchia casa.

Le strade e i marciapiedi attendevano ancora di tornare a servire una città che stentava a rinascere. Non era passato nemmeno un anno da quando avevo lasciato Wesel eppure mi appariva come un'eternità. Guardai desolata le spianate intorno a me, chiedendomi quale importanza strategica poteva aver avuto la mia città per essere stata rasa al suolo. E se tutto fosse stato soltanto una questione di odio e di vendetta? Forse era tutta colpa del ponte sul Reno, l'ultimo prima di arrivare in Olanda? Poi un'altra sconcertante domanda si fece strada: perché non avevo mai visto nessuno levare lo sguardo verso il cielo e bestemmiare contro gli alleati, contro Dio? Non avevo mai sentito dire: «Là sotto sono morti i miei figli, mia madre o i miei amici». Non sapevo nemmeno approssimativamente quante erano state le vittime dei bombardamenti. Forse che quei morti non si contano? Era come se quel velo di silenzio che si cercava di stendere sulle atrocità commesse dai nazisti fosse calato anche sul dolore di ciascuno di noi.

In quel momento non avrei saputo spiegarmi perché desideravo così intensamente vedere i miei connazionali piangere. Chiusi gli occhi e rividi le montagne di macerie e noi bambini che correvamo spensierati a nasconderci negli anfratti. Su quella necropoli costruivamo le nostre casette e consumavamo i nostri pasti clandestini, senza che qualcuno ci avesse mai detto: «Abbiate rispetto, questo è un luogo di dolore». Sotto i detriti seppellivamo piangendo gli uccellini caduti dal nido, nello stesso luogo in cui avevamo preso a sassate un teschio umano.

Quel ricordo mi aveva fatto rabbrividire e perdere la voglia di proseguire, così tornai verso la casa di zia Clara.

Lei fu felice di vedermi e ancor prima che varcassi la soglia mi aveva già convinta a restare anche per la notte. Chiusa la porta, mi prese il viso tra le mani e scuotendolo esclamò: «Come sei cresciuta, sei diventata una signorina. Io invece sto diventando vecchia e tutti si dimenticano di me, anche tua madre mi ha scritto soltanto una volta». Dietro la porta d'entrata erano appesi il cappellino e il cappotto che indossava da sempre. Quella vista mi commosse al punto da farmi venire le lacrime agli occhi. La zia si mise a ridere. «Ma non parlavo sul serio, so benissimo che mi volete bene e che siete soltanto pigri.»

Più tardi, mentre friggeva le patate con pancetta affumicata e uova strapazzate, le andai vicino e le raccontai della mamma che non voleva andare in Afghanistan e delle minacce che papà le aveva fatto.

«È da una vita che la minaccia», sbottò lei. «A Lubln, quando lei si era rifugiata a casa di zia Alwine, l'aveva fatta cercare dalla Gestapo. Tua madre non ha mai voluto parlarne perché, credo, c'era di mezzo un altro uomo. Ora però non parliamo più di lui, altrimenti ci roviniamo la serata.»

Cambiando decisamente tono, mi chiese se andavo sempre a messa la domenica. E io, per non darle un dispiacere e per semplificarmi la vita, risposi di sì. La zia cercava di apparire disinvolta e allegra come prima, ma i suoi movimenti un po' troppo decisi mi dicevano che non era come voleva farmi credere.

Provai una grande pena per lei pensando alla lettera in cui papà la copriva di ingiurie. Povera zia, per lei le umiliazioni si sarebbero perpetuate nel tempo perché, con la complicità di tutti, mamma inclusa, gli arroganti e prepotenti finivano sempre per averla vinta. Lei invece, con la sua fede incrollabile, con quella voglia di chiacchierare con tutti, di ridere, di essere utile al suo prossimo, e con la sua mole, era un bersaglio fin troppo facile.

Preparandomi per la notte, scoprii che il vaso di vetro per i bisogni notturni, sebbene l'affittacamere fosse nel frattempo deceduto, era ancora sotto il letto. La zia si infilò sotto le coperte dicendo: «Adesso raccontami tutto di te».

E subito dopo si addormentò.

26

Il via libera per la mia partenza per l'Afghanistan continuava a rimanere una promessa sulla carta leggera della posta aerea. Con l'indice sull'atlante miracolosamente sopravvissuto ai vari traslochi, avevo viaggiato tante volte verso Kabul, scegliendo ogni volta un percorso diverso.

Una bella mattina di primavera mi svegliai e scoprii che madre natura mi aveva promossa a donna. Se il seno annunciava già da tempo l'evoluzione del corpo, la mia mente stentava a tenere il passo, costringendomi a curvare la schiena per la vergogna.

Mia madre, prima della sua partenza, aveva avuto altro da pensare che illuminarmi su vantaggi e svantaggi della pubertà. Per ogni evenienza avrei potuto rivolgermi a Renate, ma il passaparola delle amiche mi aveva già fornito le nozioni necessarie per poter affrontare l'evento serenamente da sola.

Il famoso posto in cui sarei stata al riparo dai pericoli del mondo, specialmente adesso che avrei potuto contribuire alla moltiplicazione della specie, si materializzò quando Renate scovò una famiglia con tre bambini piccoli che cercavano una bambinaia.

Fui fortunata, e capitai tra persone con le quali mi sentivo a mio agio e che misero fine alla mia vita randagia.

Helmut ed Erica, insegnante lui e casalinga lei, con i loro tre bambini formavano una famiglia serena e molto divertente. Si mangiava, si rideva e si andava a passeggiare insieme in campagna, spingendo a turno la carrozzina con l'ultima nata. Accanto, i due maschietti ascoltavano il padre che non lasciava mai senza risposta una delle loro tante domande.

Helmut cercava sempre di coinvolgere anche me, e il tipo di domanda più ricorrente era: «Secondo te perché...?», senza per questo mettermi in imbarazzo. Nella mia sempre fervida immaginazione la figura del mio principe azzurro si trasformò nella fotocopia di quell'uomo mite, sempre allegro e disponibile per tutti.

Come tutte le ragazze, anch'io uscivo ogni domenica pomeriggio. Invece di passeggiare su e giù per il corso affollato di ragazzi, attraversavo il parco e andavo a sedermi sui gradini di pietra del teatrino all'aperto. Con un album da disegno sulle ginocchia, tenevo d'occhio l'entrata, con l'inconfessabile desiderio di vedere un giorno o l'altro apparire un giovane diverso da quelli che frequentavano le birrerie. Qualcuno come Helmut. Tutto finiva con la chiusura dell'album pieno di scarabocchi, la solita delusione e il sedere gelato.

Per alcune domeniche avevo fatto invano la posta al principe azzurro, guardata con sospetto dalle coppiette che arrivavano mano nella mano e andavano a sedersi sui gradini più lontani dal mio. L'unico uomo solo che si presentò fu quello che mi cacciò letteralmente dal teatro. Non l'avevo visto arrivare e mi accorsi della sua presenza soltanto quando lo sentii tossire alle mie spalle. Mi voltai di scatto e vidi un uomo di mezza età, con le mani che si agitavano nelle tasche dei pantaloni. Se era intenzionato a mostrarmi qualcosa, non ebbe il tempo di farlo perché la paura mi mise le ali ai piedi.

Lo spavento mi passò subito dopo, quando mi avvicinai alla gente che passeggiava nel parco: a forza d'imbattermi in sporcaccioni ormai ci avevo fatto il callo.

La solitudine, un tempo sicuro rifugio, adesso, oltre a cacciarmi in situazioni imbarazzanti, evidentemente non mi andava più a genio.

I miei angeli custodi avevano forse intuito qualcosa perché un giorno Helmut mi presentò un suo ex allievo, un bel ragazzo sui vent'anni, impiegato in banca e vestito come tale anche la domenica. Se coltivava nell'anima una segreta passione per me, riusciva a nasconderla piuttosto bene. Ci incontravamo ogni domenica pomeriggio in centro, chiacchierando del più e del meno fino all'ora di cena, poi mi accompagnava fin sotto casa dove mi congedava con un veloce bacino sulla guancia.

Dibattendomi tra la teoria che vuole l'uomo soltanto alla ricerca di « quella cosa », la mia segreta speranza di provare nuove emozioni e l'esempio dell'armonia che legava Helmut ed Erica, aspettavo di domenica in domenica che si verificasse l'occasione di potergli rifiutare « quella cosa ». Ma non me ne diede mai l'opportunità.

Presto cominciò a saltare i nostri appuntamenti domenicali e dopo un po' di tempo non si fece più vedere. Credo che non fosse affatto interessato alla mia persona, forse aveva semplicemente cercato di accontentare il suo vecchio insegnante, che forse gli aveva strappato una promessa.

27

Mancavano pochi mesi al mio sedicesimo compleanno quando si fece vivo il nonno, portandomi la bella notizia che avrei potuto finalmente raggiungere la mia famiglia in Afghanistan. La mia gioia fu incontenibile, anche se non mi entusiasmava l'idea che, nel frattempo, sarei dovuta andare ad abitare da lui a Düsseldorf.

Non avevo altra scelta: a Kabul mi aspettava un lavoro in un ufficio di import-export e il nonno, grazie alla sua lunga esperienza al tribunale di Düsseldorf, era l'unico in grado di darmi una mano perché acquisissi quel minimo di nozioni necessarie per la mia nuova carriera di segretaria. Per lui era inaccettabile che una ragazza della mia età continuasse a vivere senza prospettive e in balia degli eventi ed era grazie alle sue pressioni sulla mamma che il mio sogno stava per realizzarsi.

E così attendevo che si compissero le necessarie formalità, piuttosto complicate per una femmina che voleva emigrare in un Paese musulmano. La burocrazia tedesca non si rivelò meno complessa: il mio documento di nascita era stato distrutto dai bombardamenti, la procura per il nonno venne smarrita dalle poste e la legge sulla tutela dei minorenni risultò di una meticolosità esasperante. Insomma, se per le vittime dei bombardamenti mancava spesso il certificato di morte, per i sopravvissuti non di rado quello di nascita.

Il nonno era un prussiano verace, il concentrato di quello che comunemente s'intende per «prussiano». Aveva perfino un ciuffo di capelli ribelli nel mezzo della testa quasi calva e che ricordava il famoso chiodo dell'elmetto. La sua prima moglie, la mia vera nonna, era morta ancora giovane e si raccontava che la seconda fosse andata ad abitare con lui ancor prima di convolare a giuste nozze: una condotta considerata riprovevole secondo il comune senso del pudore della famiglia.

Un giorno, durante quel periodo peccaminoso, il nonno, tornando dal bagno e avendo trovato la porta del soggiorno chiusa a chiave, pare abbia chiamato: «Marta, non fare la bambina e apri subito!» Quando sentì la nonna rispondere dall'altra parte della stanza, girò nuovamente la maniglia e a quel punto la porta si spalancò spontaneamente. I miei nonni interpretarono quell'episodio come un avvertimento divino, e si sposarono subito dopo.

È probabile che nell'interpretazione e, soprattutto, nella divulgazione del presunto miracolo ci fosse lo zampino di zia Clara. La sua devozione seminò in noi bambini, sempre ghiotti di misteri, la paura che esistesse un fantasma e nello stesso tempo ci fornì un ottimo alibi per sottrarci alla severità del nonno.

Se la paura del fantasma rimaneva soltanto nei ricordi, la soggezione che il nonno m'incuteva non era cambiata. La mia suscettibilità di fronte alle critiche fece sì che il dialogo tra noi rimanesse scarno. Qualunque consiglio veniva accolto da me col sospetto: Ecco, c'è l'ha con me.

Il nonno, a parte l'uso dell'appellativo di «quel disgraziato», si asteneva dal formulare giudizi su papà, ma le poche volte che lo nominava l'espressione del suo viso, non privo di una certa teatralità, era molto eloquente.

Iniziarono tempi duri per me: dalla mattina alla sera china sui libri o davanti alla macchina da scrivere, sotto la prussiana sorveglianza del nonno che, disgraziatamente, non aveva nient'altro da fare. Concentrarmi sui compiti mi costava molta energia perché la mia mente era già emigrata in Afghanistan. Vivevo costantemente nel timore che i miei genitori cambiassero idea o che le difficoltà burocratiche potessero cancellare il mio viaggio verso una nuova vita.

Ma il vento del fato spirava ormai in mio favore e un bel giorno, dopo una lunga attesa, due vecchie Mercedes stracariche di bagagli si fermarono davanti alla casa del nonno, dove attendevo ansiosa con in mano un passaporto fresco di stampa pieno di visti dei Paesi che dovevamo attraversare per raggiungere Kabul. Le vetture erano guidate da due colleghi di papà e uno di loro era accompagnato dalle sue figlie di diciassette e ventisei anni.

Era l'inizio dell'aprile del 1956 quando salutai il nonno e salii in macchina insieme a Gabi, la più giovane delle mie compagne di viaggio.

28

Attraversammo come un lampo la Germania, e poi l'Austria, ma soltanto dopo aver varcata la frontiera iugoslava mi sentii veramente all'estero. Uomini con i piedi avvolti in stracci tenuti fermi da corde si voltavano al nostro passaggio ma, proseguendo attraverso la Grecia, la vista della miseria mi turbò sempre meno finché, arrivati in Turchia, non sapevo più distinguere la povertà dal folclore.

Giunti a Erzorum, nel nord della Turchia, una delle auto andò in panne costringendoci a una sosta di una settimana. Finalmente, dopo giorni e giorni di folle corsa, mi si offriva la possibilità di visitare con calma un luogo, d'incontrare gente diversa e assaggiare il loro cibo. La città era vivacissima e l'allegria degli abitanti contagiosa. Il profumo di spezie, di carne allo spiedo e la musica ad alto volume ci accompagnavano in ogni vicolo. Pareva che le costruzioni più antiche stessero per squagliarsi, ma il fango di cui erano fatte non produceva macerie; alcune si erano già consumate del tutto, lasciandosi dietro soltanto una piccola collina rotonda sulla quale i bambini giocavano. In compagnia di Gabi percorremmo la città in lungo e in largo: volevo vedere tutto il possibile prima di svegliarmi.

Ma il sogno continuò, e dopo Teheran si presentò uno

spettacolo che ci lasciò tutti ammutoliti: il deserto. Sotto un sole accecante guardai incantata le dune rincorrersi fino a dove arrivava lo sguardo. L'azione del vento ne aveva plasmato il profilo offrendo ai nostri occhi uno stupefacente panorama privo di forme spigolose. Sul versante occidentale ogni duna indossava la propria ombra, come se volesse celarsi sotto uno scuro velo. Gabi mi prese la mano e cominciammo a piangere e a ridere.

Come era successo già altre volte durante il nostro viaggio, in quel momento speciale lei mi aveva fatto tornare alla mente la mia amica Bärbel, anche se le due non si assomigliavano affatto. Forse era soltanto l'affetto che provavo per entrambe che me le rendeva simili.

Guidandoci verso la frontiera iraniana del nord, i nostri autisti, e non soltanto loro, cominciarono a manifestare segni di stanchezza. Per lunghi tratti, più che su una pista camionabile sembrava di viaggiare dentro il letto di un torrente, ci si insabbiava di frequente e l'acqua di raffreddamento del motore andava continuamente in ebollizione. La sorella di Gabi soffriva di forti e frequenti dolori addominali e voleva essere lasciata in pace.

Avevamo percorso pochi chilometri in territorio afgano quando una delle vetture si bloccò e dovette essere trainata da due dromedari fino a Herat, la città più vicina. La nostra carovana, accompagnata da un fiume di bestemmie, saggiamente in lingua tedesca, impiegò parecchie ore prima di giungere a destinazione.

In attesa di prendere il volo settimanale dell'Ariana Airlines per Kabul, ci sistemammo in un alberghetto, circondato da un delizioso giardino. Oltre a noi, gli unici ospiti erano un certo professore Amsel, studioso e cacciatore di farfalle e suo figlio, un giovane alto e bello di circa vent'anni.

Il professore si rivelò una persona squisita e non aveva timore di esternare la sua gioia ogni volta che aveva la fortuna di catturare un esemplare raro o sconosciuto. Quando correva per acchiappare insetti con la sua reticella, pareva uscito da una vignetta della «Settimana Enigmistica». Studiava gli insetti di quella parte del mondo, pubblicando i risultati della sua ricerca per la conoscenza di tutti, e non aveva niente in comune con un collezionista che avevo conosciuto e che infilzava le farfalle soltanto per comporre pannelli decorativi; possedeva migliaia di esemplari, sistemati in un apposito mobile: un impressionante cimitero a cassetti.

Con l'approssimarsi della partenza per Kabul, cominciai a soffrire di improvvise cadute di fiducia verso gli altri e verso me stessa. L'euforia che mi aveva accompagnata durante tutto il viaggio stava cedendo il passo a una certa inquietudine per quello che avrei potuto trovare al mio arrivo.

Per un lungo, affascinante mese i pensieri delle tribolazioni passate erano svanite tra viuzze di villaggi esotici, dune del deserto e infinite distese sassose attraversate da carovane di dromedari che in lontananza lievitavano nell'aria rovente. Ma i ricordi di mio padre barcollante e delle liti furibonde mi avevano seguito in sordina, e ora, avvicinandomi alla meta sconosciuta, la tregua era finita. Non vedevo l'ora di riabbracciare la mia famiglia, pur temendo di ritrovarla con gli stessi problemi di sempre. Le lettere che papà mi aveva scritto erano troppo belle per essere vere, eppure la filastrocca «forse, forse, forse...» faceva da sottofondo ai miei timori.

29

Aspettavamo da un paio di ore all'aperto, quando finalmente un bimotore atterrò sulla pista in terra battuta, sparendo per qualche istante dentro una grande nuvola di polvere. Non avendo mai visto un aeroplano da vicino, non mi resi conto che stavo salendo a bordo di un vecchio Dakota, un residuato dell'ultima guerra.

Ci imbarcammo, e non appena l'apparecchio ebbe preso quota – più bassa delle montagne intorno a noi –, Gabi e io fummo invitate a visitare la cabina di pilotaggio. I due piloti erano americani e furono estremamente gentili; ci spiegarono la funzione di tutti i quadranti di cui la cabina era letteralmente tappezzata.

Non erano passati quindici minuti che già Gabi giaceva fra le braccia del pilota più giovane e più bello. L'altro, prossimo al pensionamento, mi fece sedere al posto di pilotaggio, proseguendo imperterrito con le sue spiegazioni, come se io dovessi prendere un brevetto di volo. Praticamente mi costrinse a guardare davanti, a fissare quell'ago che galleggiava e che, secondo le istruzioni ricevute, doveva rimanere in posizione orizzontale, altrimenti saremmo andati a sbattere contro le montagne. Con le mani sudate stringevo terrorizzata quel mezzo volante, pensando: non è possibile, l'aeroplano non può essere lasciato nelle mie mani, è soltanto una manovra per neutralizzarmi. Ero prossima al collasso quando il giovane pilota rientrò in cabina invitandomi a tornare al mio posto e annunciando che stavamo per atterrare a Kabul.

Con le gambe ancora tremanti scesi dall'aereo, felice di avere di nuovo i piedi per terra. Era il 12 maggio 1956.

Espletate le formalità doganali, piuttosto emozionanti per via del salame nascosto tra i vestiti, trovai mamma, papà, Heinrich ed Eva ad attendermi, tutti commossi come me per essere di nuovo insieme. La piccola della famiglia era diventata alta quasi come me e prometteva di crescere ancora. Rimasi sorpresa di non ricordare quanto fosse bella Eva. Mio fratello invece era sempre lo stesso; come sempre, quando era emozionato, il suo timido sguardo si abbassava.

La famiglia si era trasferita da poco a Kabul perché papà, dopo aver malmenato il suo capo, aveva voluto, o dovuto, cambiare aria. Ora era impiegato al Ministero dei Lavori Pubblici e in quel momento dirigeva il cantiere della strada che attraverso la gola di Tanghi Gharu collegava Kabul a Sarobi.

Quando ero arrivata, dal finestrino dell'aereo mi era apparsa all'improvviso una distesa di rettangoli appena distinguibili dal colore della terra, che mi aveva fatto pensare a un vasto scavo archeologico: Kabul. Ora, invece, che la stavo attraversando in taxi, la città si presentava assai vivace. Per le strade la gente passeggiava senza fretta, aveva il tempo per riconoscersi e, come avrei scoperto presto, informarsi con lunghi convenevoli sullo stato di salute di ogni membro della famiglia. Le donne, coperte dalla testa ai piedi da una specie di campana fatta di tessuto variamente colorato e plissettato, con una fitta retina all'altezza degli occhi, camminavano o in gruppo o a distanza rispettosa dietro il proprio uomo. A ogni incrocio erano posteggiati calessi da quattro posti compreso il vetturino che, sonnecchiando insieme al cavallo, attendeva clienti da accompagnare in cambio di pochi spiccioli. Qualche rara automobile turbava quella scena d'altri tempi, provocando spavento tra i cavalli che arrancavano cercando di farsi largo tra la folla. Di tanto in tanto una folata di vento formava una colonna di polvere che, girando come una trottola per le strade, alzava veli e turbanti. Sui tetti delle case, uomini e bambini si divertivano a osservare i loro aquiloni volare. Odori inconsueti mi sorprendevano ogni momento lungo il tragitto verso casa.

La villa che i miei genitori avevano preso in affitto aveva un bel giardino, circondato da un muro alto almeno due metri. Ogni cosa, dal pavimento al tetto, era stata costruita con argilla impastata con la paglia. Come la maggior parte delle casette di Kabul, si ergeva dal suolo come se fosse un prolungamento in verticale del terreno sul quale posavano. Nel giardino trovai una deliziosa oasi creata da chi vi abitava prima di noi: un canale d'irrigazione simulava un ruscello alpino attraversato da un ponticello in legno che forse avrebbe retto al passaggio di uno gnomo. I nani, mi spiegò Eva, erano stati sfrattati dalla mamma. La nostalgia della patria, o della giovinezza, che doveva aver ispirato il giardiniere, abitava ancora lì. Con il linguaggio dei fiori, quell'uomo aveva scritto «Germania» nel cuore dell'Afghanistan.

Entrati in casa, lasciai la mamma ed Eva alle prese con

le valigie per seguire mio fratello che moriva dalla voglia di mostrarmi la mia camera. Era l'occasione buona per chiedergli come andavano le cose in famiglia e se papà aveva davvero smesso di bere. Lui mi guardò come se avessi appena affermato di credere in Babbo Natale e, balbettando ancora più del solito per la fretta, mi raccontò sottovoce le bravate di papà in stato di ubriachezza, riuscendo a farmi capire soltanto che, come sospettavo, in famiglia nulla era cambiato.

L'Afghanistan, le belle intenzioni messe per iscritto e la minaccia che la mamma un giorno o l'altro avrebbe potuto piantarlo in asso non erano dunque servite ad allontanarlo dalla bottiglia. Mi ero illusa che la rivisitazione di un passato pieno di sbagli fosse un passo importante che prometteva bene. Ma la promessa di cambiare, papà l'aveva infranta ancora prima che mi fosse recapitata per posta aerea.

Adesso mi rendevo conto che sperare in una vita famigliare migliore era come tirare un calcio alla realtà per allontanarla da me, e il racconto di Heinrich ne era la conferma. Per il momento però ero troppo presa dalla coinvolgente esperienza che stavo vivendo per lasciare spazio alla delusione. Intorno a me c'era tutto un mondo da scoprire e la consapevolezza di poterlo fare autonomamente era cominciata a maturare nel momento in cui mi avevano lasciata sola in Germania.

30

A due giorni dal mio arrivo a Kabul, già occupavo una scrivania presso il Deutsche Industrie Büro, diretto da un anziano ingegnere tedesco. I miei nuovi colleghi erano la segretaria del capo, una bella signora tedesca sposata con un afgano conosciuto in Germania e due giovani interpreti afgani. Della squadra faceva parte anche Abdullah, addetto alle pulizie, guardiano, fattorino e guardia del corpo, che a mezzogiorno andava a comprarmi tè, pane e *sish-kebab*.

La fase d'inserimento nel mio nuovo lavoro, a parte qualche errore grammaticale, si svolse senza grossi traumi. Dopo il nonno prussiano, avevo trovato un capo con la testa da ingegnere, pronto a insegnarmi i segreti della brava segretaria. La mia buona volontà, l'infarinatura ricevuta dal nonno e la penuria di altre segretarie in lingua tedesca mi garantivano una carriera lunga e assai più gratificante che non quella della sguattera. Alla mattina mi recavo in ufficio in calesse e, dopo la prima ubriacatura della novità, cominciai a guardare la città attraverso un'ottica meno romantica. Oltre a quello della moglie del nostro padrone di casa, non ero ancora riuscita a scorgere il viso di una donna afgana. Nascoste sotto lo *shadri* dai colori sbiaditi dal sole e dall'uso, parevano creature intoccabili, inavvicinabili e incapaci di comunicare. Il sole, mi chiedevo, quando lo prendono? Per la strada i bambini si fermavano a guardarmi, i loro grandi e bellissimi occhi ridevano imbarazzati mentre esaminavano la mia spudorata «visibilità». I piccoli correvano a nascondersi dietro i più grandicelli e poco dopo i loro faccini invasi dalle mosche facevano capolino. Sicuramente quei vestiti, alcuni con preziosi ricami, sarebbero rimasti loro addosso finché la crescita o il tessuto l'avesse consentito. Alcuni calzavano scarpe, ma sarebbe stato meglio per il bene dei loro piedi non possederle affatto.

Ci volevano circa venti minuti di cavalcata, un vero supplizio dovuto ai numerosi pedoni che affollavano le strade, per raggiungere l'ufficio in Jade Maiwand, la grande arteria commerciale della città. Dall'alto del calesse sfidavo gli sguardi degli uomini, molti di loro con il viso segnato dal vaiolo. Lungo i due lati della strada correvano i *giui*, canalette di raccolta delle acque piovane, di irrigazione e altro. Quando le ruote passavano troppo vicino al bordo, istintivamente mi buttavo dal lato opposto. Finire prima o poi dentro il fosso era il mio timore quotidiano, una paura giustificata poiché il calcolo della probabilità era assolutamente a vantaggio del capitombolo. Mi fidavo poco di quei poveri ronzini denutriti, con orribili piaghe là dove i finimenti sfregavano contro la pelle e che emettevano a ogni passo fragorosi venti. Ancora meno mi fidavo degli spavaldi guidatori che, intuendo i miei timori, se la ridevano sotto i baffi.

L'ondata di giovani occidentali alla ricerca di droghe o di nuovi valori non aveva ancora raggiunto l'Afghanistan. A parte pochi avventurieri colti e le missioni di passaggio, alcune scientifiche, altre più o meno umanitarie, il turismo era sconosciuto. I russi si limitavano per il momento a costruire costose strade a prezzi stracciati. Di solito li si incontrava al bazar, dove si aggiravano in gruppetti di tre o quattro, facilmente individuabili dai vestiti firmati «soviet». La probabilità di imbattersi in uno di loro da solo era pari a quella di incrociare un americano appiedato: praticamente nulla.

Le donne afgane, pur rigorosamente celate sotto lo shadri, *si muovevano con disinvoltura tra i vicoli del bazar. Abilissime nel rituale della contrattazione, riuscivano a far perdere la pazienza anche a chi ne aveva da vendere. Ogni tanto le sorprendevo a scoprirsi con un rapido gesto il viso di fronte a un commerciante, per poter meglio esaminare la merce. Avevano gli occhi magistralmente truccati, le labbra dipinte di rosso e le mani ingioiellate: insomma, volevano essere belle anche se nessuno le poteva vedere.*

A quel tempo le mie riflessioni sulla condizione delle donne musulmane si limitavano a una semplice considera-

zione: meno male che sono nata cristiana (anche se nel 1939 la Germania era tutt'altro che una società ispirata da principi cristiani).

Inoltrandosi nel Paese, le carovane dei nomadi che si spostavano lungo le strade sterrate mettevano a dura prova i riflessi degli autisti e i freni dei veicoli. Il peso dei loro poveri averi era distribuito equamente tra donne e animali da soma. Sembravano partiti dall'epoca di Gesù, per esplorare il mondo « moderno ».

I camion e le corriere, un trionfo scintillante di colori, luci e ciondoli, attraversavano quelle lande aride lasciandosi dietro una lunga scia di polvere. Pareva che quelle decorazioni fantasiose, di gusto ed esecuzione squisitamente locali, oltre che testimoniare lo spavento per gli spazi vuoti, servissero a facilitare l'introduzione della tecnologia occidentale. Erano in parecchi, infatti, a credere che anche il motore e il telaio venissero costruiti in Afghanistan, o per lo meno in Pakistan.

Un gran numero di afgani portavano un fucile a tracolla, spesso un vero e proprio capolavoro di artigianato locale: uno status symbol *per uomini di ogni età. Quelle migliaia e migliaia di fucili, imbracciati da uomini dallo sguardo fiero, capaci di resistere alle intemperie nutrendosi soltanto di tè e di pane, erano come un ammonimento per chiunque avesse in mente progetti espansionistici. Quegli uomini conoscevano ogni pietra di quel territorio impervio, dove terrificanti sconvolgimenti geologici parevano risalire a tempi anche recenti; montagne imponenti che incorniciavano aridi altipiani e pareti a strati di vari colori che si elevavano vertiginosamente da gole profonde offrivano uno spettacolo mozzafiato.*

Abbandonare la strada sarebbe stato azzardato, e non certo per eventuali cattivi incontri. La popolazione afgana, a quei tempi, si distingueva per l'ospitalità e la tolleranza verso lo straniero e i suoi costumi. Un turista pacifico poteva incuriosire ma mai raccogliere sguardi o gesti ostili.

31

La vita in famiglia scorreva abbastanza tranquilla. Papà rientrava a Kabul soltanto per il fine settimana e, a parte un paio di volte in cui la sua violenza tornò a scatenarsi, si limitava a ubriacarsi con i suoi amici. Spesso era incapace di reggersi in piedi e dovevano trasportarlo a casa e scaricarlo direttamente nel letto. Una mattina gli successe di svegliarsi seminudo in un fosso, derubato di orologio, portafoglio e della memoria di ciò che era avvenuto la sera precedente.

La mamma trascorreva le serate in casa, ma dove andasse con la mente rimaneva un segreto. Non aveva amici e nemmeno andava a cercarli; quei pochi impegni sociali ai quali non poteva sottrarsi finivano per infastidirla. Sembrava vivere in un'altra dimensione, in un suo mondo segreto che rischiava di prendere il sopravvento. « Cosa dicevi? » rispondeva quando cercavo di elemosinare un po' di attenzione. Quel suo sguardo assente che pareva non mi vedesse, in certi momenti aveva il potere di irritami a tal punto da considerare lei la responsabile principale del disagio che tutti noi dovevamo sopportare. Altre volte mi schieravo con passione in sua difesa, considerandola vittima dell'estremo maschilismo di un marito ubriacone che lei si ostinava a rifiutare preferendo le botte piuttosto di cedere alle sue pretese.

Che le zuffe dei nostri genitori traessero origine da problemi matrimoniali se ne era accorta perfino Eva, la quale, dopo una delle loro liti, ancora in preda alla paura mi aveva sussurrato piangendo: « Quel porco non può obbligarla ad andare a letto con lui ».

Non era la prima volta che Eva dava fiato alla sua indignazione rabbiosa, per lei c'era soltanto un colpevole e quello era nostro padre.

Eppure, nonostante quella convivenza tormentata, senza possibilità di soluzione, una sconcertante complicità sembrava legarli uno all'altra. Bastava che io facessi una domanda o un commento poco lusinghiero sul conto di papà perché mia madre se ne facesse paladina. Ma nell'elenco delle paterne qualità, esposte alla figlia ingrata, oltre alla voce « Grande lavoratore che si spezza la schiena per mantenere la famiglia », non c'era nient'altro. Quella schiena spezzata sarebbe rimasta un mio tormento per sempre, la causa dei miei sensi di colpa dopo ogni risveglio da una notte popolata da incubi.

32

Ruhola, il più giovane dei due interpreti che lavoravano in ufficio, cominciò fin dal nostro primo incontro a insegnarmi con grande pazienza almeno cinque parole al giorno di farsi, la lingua più diffusa a Kabul. Aveva ventiquattro anni, frequentava assiduamente la palestra e aveva una cura quasi maniacale della sua persona. Le magliette che portava erano di una misura perfettamente adatta a far risaltare i suoi poderosi muscoli. Nessuno poteva immaginare che dietro il suo aspetto virile, i suoi folti baffi neri e il fisico da lottatore si celasse un uomo dall'animo dolcissimo, generoso e molto istruito. Ruhola parlava bene il tedesco e fra noi si stabilì subito una complice amicizia.

Fu così che durante una delle nostre pause per il tè, in quella terra sperduta tra le montagne dell'Hindukush, lontana migliaia di chilometri dalla Germania, per la prima volta incontrai qualcuno interessato a conoscere il mio pensiero sul nazismo. Assalita dal sospetto che in realtà volesse arrivare a mio padre, ammisi di non saperne nulla, cosa che, sotto certi aspetti, corrispondeva pure alla verità. Probabilmente Ruhola si accorse del mio imbarazzo e della mia ignoranza, così cominciò a spiegarmi quali erano stati gli obiettivi aberranti del nazionalsocialismo durante il regime hitleriano. Mentre Ruhola parlava, mi tornavano alla mente i racconti di zia Clara, le notizie che poco alla volta erano trapelate nel corso degli anni e la superficialità con cui le avevo respinte pensando che fossero, se non inventate, per lo meno esagerate. Perché davanti a quella orribile fotografia di corpi nudi gettati come rifiuti sul cassone di un camion non ero stata indotta a credere che una tragedia ben diversa da una guerra si fosse realmente consumata nel mio Paese? Perché io, capace di commuovermi all'inverosimile davanti a un film, non mi ero mai calata nei panni di quelle vittime? Perché zia Clara non mi aveva mai parlato degli ebrei? Come è possibile che nemmeno lei, perseguitata dalle SS, sapesse cos'era accaduto? Perché a scuola le persecuzioni razziali erano state un argomento del tutto ignorato?

Avevo sì ascoltato tante storie che gli adulti si raccontavano sui soprusi e le crudeltà commesse dalle SS, ma ero dovuta andare sino a Kabul per venire a sapere da un giovane afgano che era esistito un progetto chiamato «soluzione finale» e campi di sterminio per attuarlo. Pareva che un'intera generazione, come se fosse sorda, muta e cieca avesse attraversato un'epoca di cui ricordava soltanto le proprie paure. Avevo fatto anch'io qualcosa di simile, rimescolando i tasselli in mio possesso per evitare di completare un quadro che sarebbe potuto risultare troppo orrendo?

Dell'argomento parlammo insieme altre volte e in un paio di occasioni la voglia di sapere mi portò ad accompagnare Ruhola fin sulla porta della palestra, pur di poter riprendere una conversazione interrotta alla fine della pausa per il pranzo.

Nei pomeriggi in cui avevo lezione di tennis all'International Club mi piaceva tornare a casa a piedi attraverso il bazar, dove i commercianti, accucciati al centro del loro negozietto, e circondati da un ammasso di merce, sorridevano compiacenti ai passanti. Le coloratissime matasse di lana appese in alto, al sole, spiccavano sgargianti in mezzo a quel paesaggio polveroso e povero di colori. Attraversando il ponte su fiume Kabul, si vedevano lungo le sponde i fedeli accucciati per le abluzioni che si preparavano per la preghiera del tramonto.

Nell'aria, quel profumo che soltanto al calar del sole si liberava dalla terra, svaniva a tratti tra quelli dei focolari e delle spezie: gli odori della pace. Raggiungendo il quartiere residenziale di Share Nau, la città appariva ancora più monocromatica. Camminando per le strade in terra battuta, tra alti muri d'argilla che nascondevano le villette, la passeggiata diventava noiosa; unico diversivo era l'esile minareto policromo che invitava ad alzare lo sguardo verso il cielo incredibilmente azzurro. La collina di Share Nau, segnata da vecchie e forse anche antiche opere difensive, era assediata dalle case, tra cui anche la nostra. Si mormorava che nel suo ventre si nascondesse il più grande deposito di munizioni dell'esercito afgano.

Oltrepassando casa nostra, e proseguendo verso la campagna, si scopriva che una splendida architettura tradizionale era stata soppiantata da quella razionale e monotona del centro urbano. Ora, nei nuovi quartieri, le abitazioni venivano concepite essenzialmente come contenitori di uomini: le finestre finemente intarsiate da sembrare fatte a uncinetto e le decorazioni che impreziosivano l'argilla erano scomparse.

33

Successe intorno alla metà di giugno. In casa faceva caldo e dormivo nuda nella mia camera quando mi svegliai di soprassalto. Balzai dal letto senza rendermi conto di cosa stesse succedendo. In quel momento apparve mio fratello sulla porta gridando: « Tutti fuori, c'è il terremoto ». Mentre mi precipitavo in preda al panico verso l'esterno, Heinrich si lanciò a recuperare il mio lenzuolo. Un momento dopo ci ritrovammo, agitati e tremanti, tutti riuniti in giardino. La casa scricchiolava sinistramente e sentivamo le stoviglie cadere in cucina. Dall'altra parte del muro di cinta arrivavano i lamenti di donne spaventate. Mi sentivo imprigionata in uno scatolone d'argilla, senza possibilità di sapere che cosa stesse accadendo intorno a noi.

La calma si ristabilì in breve tempo e né da vicino né da lontano giungevano grida d'aiuto. La mamma attese ancora qualche minuto prima di decidersi a rientrare in casa per verificare gli eventuali danni. Aspettammo in apnea che riapparisse, ma nessuno di noi manifestò l'intenzione di seguirla. Eva cominciò ad agitarsi e chiamò: « Mamma, come va? »

« Tutto in ordine », rispose lei. « È caduto soltanto il ripiano con i piatti. »

Più tardi, in una seconda e più accurata ispezione, Heinrich scoprì una crepa nel soffitto della cucina tanto larga da lasciare intravedere il cielo. Passate un paio di ore senza altre scosse la mamma rientrò in casa per andare a dormire, mentre noi pensammo bene di portare fuori i nostri letti e di accamparci nel giardino per il resto della notte.

Contemplando le stelle, mi ricordai di Heinrich che, quando la casa sembrava crollarci sulla testa, era corso a recuperare il lenzuolo perché io, in quel momento preoccupata di salvarmi la pelle, non avevo pensato di coprirla. Scoppiai a ridere e voltandomi per guardarlo dissi: « Ehi, fratello, il tuo istinto di sopravvivenza ha qualcosa che non va, devi darti una regolata. Che tu sia un puritano va bene, però, accidenti, non fino al punto da rimetterci l'osso del collo ».

Il giorno seguente, in ufficio, cominciarono ad arrivare notizie piuttosto discordanti secondo le quali le vittime ammontavano a più di diecimila, soltanto un centinaio o non più di una dozzina. Tutti comunque concordavano nel localizzare l'epicentro del terremoto a nord di Kabul, verso il confine con la Russia.

34

Avevo quasi diciassette anni e godevo ormai di una certa libertà, anche se vigilata. La sorveglianza da parte dei miei genitori consisteva nell'impormi un preciso orario per il rientro a casa. Era poco raccomandabile per una ragazza camminare da sola, di sera, per strada, così, oltre a dover lasciare regolarmente ogni festa nel bel mezzo della serata, ero costretta a trovare qualcuno che mi riaccompagnasse a casa. Ma a quell'ora non era facile trovare una persona disponibile e, oltretutto, affidabile.

Una sera fu la volta di un giovane collega di papà che, nel giardino di casa nostra, perse improvvisamente il controllo e tentò di saltarmi addosso. Nella furiosa lotta corpo a corpo che ne seguì, finimmo per cadere entrambi nella fossa della calce che serviva per i lavori di riparazione della casa. Riuscii a salvare la mia innocenza ma non potei evitare un fastidioso eritema che mi torturò per lungo tempo.

Il giorno dopo il bellimbusto si presentò a chiedere la mia mano. La mamma, pur essendo stata informata da me su cosa era successo la sera precedente, mi guardò con sospetto.

Trovare un marito in Afghanistan non sarebbe stato un

problema, in ufficio avevo già ricevuto alcune proposte di matrimonio e il mio capo aveva dovuto ogni volta adoperarsi per convincere il pretendente, senza rischiare di perderlo come cliente, che non ero in vendita. In una di quelle occasioni la mia quotazione raggiunse lo stesso prezzo del generatore a diesel che un agricoltore benestante stava acquistando tramite il nostro ufficio.

Nel giro di tre o quattro mesi avevo conosciuto quasi tutti i miei connazionali residenti a Kabul. Oltre all'International Club con piscina, campi da tennis e ristorante, le frequenti feste in casa di amici e conoscenti mi offrivano l'occasione di incontrare gente. Queste serate avevano in comune la scarsa presenza di donne, la penuria di bevande alcoliche e col passar del tempo anche di facce nuove. Eppure spesso i convitati maschi finivano per tornare a casa barcollando. Le autorità afgane si dimostravano molto tolleranti con gli stranieri e, nonostante il proibizionismo islamico, nessuno venne mai arrestato per uso e abuso di alcol.

Procurarsi alcolici era un problema per tutti, ma tutti sapevano che laddove c'erano americani non mancavano whisky, gin e sigarette e che nel bazar si potevano acquistare sotto banco. Il prezzo ubbidiva alla legge della domanda e dell'offerta, perciò variava di giorno in giorno, mantenendosi sempre elevato.

Mio padre, per ragioni economiche, produceva in casa una bevanda lasciando fermentare uva secca in una damigiana. Forse quel liquido sarebbe diventato vino se non l'avesse scolato ancor prima che diventasse limpido.

Un suo conoscente aveva addirittura tentato di produrre birra usando la vasca da bagno. Aveva poi dovuto abbandonare l'esperimento quando, tornando a casa dal lavoro, aveva trovato il suo cuoco in coma.

A Kabul c'era anche un simpaticissimo professore del liceo francese, che periodicamente smontava parte del motore della sua Citroen 911 per utilizzarla come alambicco per distillare grappa.

Per quanto ne sapevamo noi, durante la settimana papà non beveva, in compenso si rifaceva abbondantemente quando rientrava a Kabul. Ma le sue esplosioni di rabbia andavano diminuendo, sia come intensità sia come frequenza.

Una sera si sedette accanto a me in giardino e cominciò a parlare di sé e del passato. Con la bocca impastata mi raccontò esattamente le stesse cose che mi aveva scritto nelle sue lettere. Fino a notte lo ascoltai descriversi come evidentemente avrebbe desiderato essere.

Le circostanze della vita mi avevano portato a scegliere il silenzio come arma per difendermi dagli adulti, quella volta, trovandomi di fronte a mio padre che mi confidava le sue bugie, scelsi ancora il silenzio. Che cosa avrei mai potuto dire a quell'uomo che avevo condannato a essere il protagonista dei miei incubi? Che senso avrebbe avuto chiedergli se ricordava di aver sognato un bambino che piangeva, quando davo per scontato che non mi avrebbe detto la verità?

Quella frase, «C'è ancora un bambino che piange», l'avrei forse dimenticata presto se un altro bambino non fosse venuto a piangere nel mio sogno. Forse si trattava dello stesso bambino che non voleva essere dimenticato? Cercai di fare a mente la somma degli anni in cui papà aveva combattuto al fronte, del periodo di convalescenza in seguito alle ferite riportate dallo scoppio di una granata e di quelli passati in prigionia in Russia, ma non approdai a niente di simile a un alibi.

Papà si alzò a fatica dalla sedia a sdraio, dicendo che era ora di andare a dormire e, quando sollevò lo sguardo dall'orologio per augurarmi la buona notte, mi sembrò di leggere una grande tristezza nei suoi occhi. Ti voglio bene, avrei voluto dirgli, mentre si allontanava trascinando leggermente la gamba lesa. Allora, quel vecchio maledetto incubo ricominciò a pesarmi come un macigno sulla coscienza.

35

Eva non aveva perso il vizio d'infilarsi nel mio letto quando le capitava di svegliarsi durante la notte. Spesso me ne accorgevo soltanto alla mattina, trovandola stretta a me, col dito in bocca e avvolta in quel tipico suo odore di saliva. Una bambina che destandosi diventava donna. Un tempo le raccontavo una favola o la trama di un film, adesso, se riusciva a svegliarmi, era lei a parlarmi di sé. Pur avendo soltanto tredici anni, guai a precisare che li doveva ancora compiere; appariva più matura di me e la sua riserva di consigli non si esauriva mai.

Una sera, durante una delle nostre solite chiacchiere, venne a galla che anche lei aveva fatto i suoi bravi calcoli degli anni che papà aveva trascorso lontano dalla famiglia, scoprendo che un anno prima della sua nascita lui si trovava già sul fronte russo. In sostanza: mia sorella riteneva di essere figlia di un altro. Non mi ci volle molto a capire che le sue indagini erano viziate in partenza: se avesse realmente voluto scoprire la verità avrebbe almeno dovuto prendere in considerazione il fatto che papà poteva essere venuto a casa in licenza.

Eva continuava a parlarmi della sua incredibile scoperta quando all'improvviso mi passò davanti l'immagine di mamma e papà, seduti mano nella mano sulla cassapanca all'entrata della soffitta, il nostro primo rifugio dopo aver lasciato la caserma di Lubln. Sto facendo confusione, mi dissi, papà era in Russia, deve trattarsi di un vecchio sogno, fatto forse in un momento difficile in cui desideravo tanto avere vicino il mio papà. E se un altro uomo fosse esistito davvero? Comunque stessero le cose, riflettendoci mi resi conto che il mio fugace ricordo, autentico o no, non aveva niente a che fare con il concepimento di Eva, che a quel tempo era già nata da parecchi mesi. Mia sorella non volle sentir ragione, si era calata con tale entusiasmo nel suo ruolo di figlia di N.N. che non mi parve il caso di insistere con la teoria della licenza. Cercai però di farla riflettere sul fatto che papà, neppure quando era ubriaco e perdeva le staffe, aveva mai accusato la mamma di tradimento, né usato parolacce che lo facessero sospettare. Lei non stava nemmeno ad ascoltarmi e insisteva su alcuni aspetti che, secondo lei, dimostravano il contrario: le minacce della mamma di denunciarlo se avesse ancora osato alzare le mani sulla bambina. In effetti, mia madre non faceva lo stesso quando era il mio turno o quello di Heinrich, era sempre soltanto Eva a essere minacciata di botte quando papà era infuriato con la mamma. Dovetti darle ragione, in parte, lei era la cocca della mamma e quello era il suo punto debole, ma non per questo era necessariamente figlia di un altro.

Ma se Eva avesse avuto ragione, e il bambino che piangeva nel sogno di papà fosse stato proprio lei? E se quella volta a Brünen, seduto sui gradini di casa, con una bottiglia di birra in mano, stesse piangendo un uomo tradito? Vedevo papà tornare dal lavoro sfinito dalla stanchezza, con la sua vecchia borsa sotto braccio, sedersi a tavola e toccarsi ogni tanto la gamba ferita in guerra. La mamma girava per la casa, cercando di evitare le sue mani, il suo sguardo, i suoi pensieri.

«Perché la mamma non pensava a noi prima di provocarlo? Doveva pur esistere una via per risparmiarci quell'inferno.»

Avevo soltanto pensato ad alta voce ed Eva mi guardò infuriata. «Non stai mica accusando la mamma per giustificare quel disgraziato?» esplose. «Il suo unico grande errore è quello di averlo sposato.»

Mi guardai bene dall'avanzare altre critiche nei confronti di nostra madre. Eva aveva già ripudiato suo padre come genitore e non volevo fare la stessa fine come sorella. Non so cosa sarebbe accaduto se quella sera le avessi confessato che, nonostante tutto, gli volevo bene e che in certi momenti provavo un'immensa pena per lui.

36

A Kabul il telefono in casa non esisteva, perciò frasi del tipo: «Ho saputo che la tale...» venivano bisbigliate durante le frequenti cene direttamente nell'orecchio di volonterosi ascoltatori. In un ambiente come il nostro, dove tutti si conoscevano, non poteva succedere diversamente. Oltre a organizzare feste, bisognava pure avere qualcosa di cui occuparsi. La noia, il tanto tempo disponibile delle donne e una popolazione maschile in costante crisi d'astinenza, contribuivano a far sì che non tutti i «bisbigliatori» fossero anche delatori bugiardi. Prestando orecchio, contribuivo anch'io a quello spensierato linciaggio. Finché un giorno fui io stessa a finire nel mirino dei pettegoli.

Qualcuno doveva aver bisbigliato qualcosa all'orecchio di mio padre, poiché di punto in bianco trovò sconveniente che mi facessi vedere in giro in compagnia di Ruhola. Tutti in famiglia sapevano benissimo che eravamo soltanto buoni amici, il problema invece era dato da coloro che non lo credevano. La verità era che nessuno avrebbe avuto da ridire se l'uomo con cui passeggiavo occasionalmente nel bazar di Kabul non fosse stato un afgano. Sul momento rimasi sconcertata e anche un po' spaventata, nella mia immaginazione fecondata dall'insicurezza mi vedevo già additata dalla comunità tedesca come una poco di buono. Questo però non mi impedì di accettare l'invito di Ruhola ad accompagnarlo a vedere il *bushkashi*.

La giornata era caldissima e nemmeno l'ombra del tendone che copriva la zona degli spettatori di riguardo offriva sollievo. La partita si svolgeva su un grande campo nei pressi della Jade Maiwand, dove si era radunata una folla oceanica. Due squadre, ciascuna formata da una ventina di cavalieri, prendevano posizione intorno a un cerchio tracciato con la calce e al via tentavano di afferrare un montone decapitato, di sfuggire all'assalto degli avversari, di fare il giro del campo e riportare l'animale al suo posto. Tutto era permesso: potevano usare il frustino e non soltanto contro il cavallo, o infilare le dita nelle narici della bestia del compagno per aiutarlo a uscire dalla mischia e raggiungere l'obiettivo. Intorno al campo la folla in delirio aveva scavalcato le protezioni comunque insufficienti. I cavalieri vestivano splendidi costumi imbottiti e sembravano tutt'uno con i loro magnifici cavalli dal collo possente. Erano decisi a vincere a qualunque costo, sfidavano la morte, e non soltanto la loro, perché quando erano lanciati non conoscevano ostacoli. Nemmeno la folla esaltata. Piombavano su di essa come un uragano seminando morte e dolore.

La polvere sollevata nell'aria si posava sulla nostra pelle sudata e alla fine sembravamo tutti improvvisamente invecchiati. Ruhola si mise a ridere quando gli confessai che il montone decapitato, amputato e dilaniato mi aveva sconvolto.

La partita di *bushkashi* era stata preceduta da uno spettacolo offerto da soldati appartenenti a vari reparti dell'esercito afgano, che si erano esibiti in graziose danze. Avevano marciato in una lunga fila, muovendo braccia e bacino, saltellando e battendo le mani. Quel procedere leggiadro non aveva niente in comune con il passo marziale, e neppure con la rude competizione che sarebbe seguita. Lo dissi a Ruhola e, per rendere più chiaro il concetto, commisi l'imprudenza di definire «femminile» l'esibizione dei soldati. La sua risposta fu immediata e tagliente: «Secondo quali criteri giudichi chi è uomo e chi no?» Non l'avevo mai visto così e cercai di sviare il discorso, raccontandogli dell'ingombrante ruolo che la paura occupava nella mia vita, di come la vista del sangue, i cani e le grida furiose potevano gettarmi nel panico; di come davanti a situazioni cruente dovevo chiudere gli occhi nel timore di vomitare o di svenire.

Interruppi le mie lagne quando Ruhola si allontanò di qualche passo per salutare un amico. Lui non me lo presentò, così attesi in silenzio ascoltando la conversazione. Il mio farsi aveva fatto notevoli progressi, ma a parte i soliti convenevoli l'unica parola che avevo capito era: gallina. Mi sembrava che parlassero di una cena, comunque le mie orgogliose difese si misero in allarme. Congedatosi dall'amico, Ruhola mi accompagnò ancora per un po', in silenzio, poi fermò un *gadi* e mi aiutò a salire dicendo: «A domani».

Senza volerlo, forse avevo offeso il suo orgoglio di afgano e temevo che la nostra bella amicizia si fosse incrinata. Nei giorni seguenti fortunatamente potei constatare che fra noi nulla era cambiato.

37

Oltre alle ambasciate, che disponevano di ogni ben di Dio, l'International Club era l'unico posto dove servivano bevande alcoliche. Dalla sera in cui aveva messo sottosopra i locali del club, papà non era più socio. Per mia fortuna la sua espulsione non si era estesa anche ai famigliari: avrei rinunciato malvolentieri alle nuotate in piscina e alle lezioni di tennis.

Al mio maestro, un ex campione pakistano, stava molto a cuore lo stile e la corretta impostazione, così, mentre io perfezionavo il mio rovescio, lui migliorava le sue conoscenze anatomiche. Fu soprattutto il desiderio di finirla con i palpeggiamenti a fare di me in brevissimo tempo una giocatrice dallo stile invidiabile.

Non avendo il permesso di uscire la sera durante la settimana, se non in casi eccezionali, rimasi abbastanza estranea alla vita sociale del club, frequentato prevalentemente da persone più anziane di me. Per contare i giovani della mia età bastavano, e avanzavano, le dita delle mani.

In piscina conobbi un insegnante bavarese che mi propose di scalare le montagne e io, figlia della pianura, aderii con entusiasmo.

La capitale dell'Afghanistan, la nostra base di partenza,

si trova a 1800 metri di altitudine e, non avendo la macchina, già la tappa d'avvicinamento si dimostrò un'impresa non da poco. Giunti ai piedi del monte che avremmo dovuto scalare, le mie scarpe da tennis risultavano foderate con la pelle dei miei piedi e il fiato, se avessimo deciso di salire sulla cima, non sarebbe bastato per tornare a casa. Così decretammo che ci saremmo limitati a scalare soltanto le colline intorno alla città.

Il nostro gruppo era formato da due donne e due uomini: Walter, innamorato di Vera, che a sua volta amava un falegname che costruiva per lei mobili a forma di cuore e che noi però non conoscevamo; Edmund, innamorato di me, che però avevo un debole per Walter. Questi incroci di sentimenti non corrisposti ci costringevano a rimanere soltanto affiatati escursionisti.

Purtroppo la gelosia del falegname presto privò il nostro gruppo del suo membro più divertente e intraprendente. Addio ai sottintesi, agli sguardi furtivi e alle risate accattivanti che avevano reso effervescenti le gite e la nostra amicizia. Così la prima escursione senza Vera fu anche l'ultima, e per poco non finì con una disgrazia.

Avevamo infilato una scorciatoia e stavamo tornando verso la periferia di Kabul quando improvvisamente il terreno cedette sotto i miei piedi e precipitai in una buca molto profonda. Cadendo sulle ginocchia, mi trovai faccia a faccia con un teschio e cominciai a urlare all'impazzata. Afferrai le mani di Walter ed Edmund che mi tirarono fuori senza tanti complimenti. Con le gambe insanguinate e un dolore lancinante a un ginocchio mi allontanai zoppicante dalla macabra fossa. Soltanto allora ci rendemmo conto che eravamo finiti in una grande area adibita a cimitero. L'odore nauseabondo che ogni tanto ci investiva faceva supporre che non tutte le sepolture fossero di vecchia data. Me la cavai con un ginocchio gonfio e dolorante per un paio di settimane.

38

La comunità tedesca di Kabul era costituita da tecnici, insegnanti, istruttori di polizia, ingegneri e medici, in minima parte accompagnati dalle rispettive famiglie. La percentuale di scapoli, compresi coloro che dicevano di esserlo nonostante avessero moglie e figli da qualche parte del mondo, era assai alta. Una società straordinariamente eterogenea che si muoveva in un ambito relativamente ristretto. L'affinità culturale come elemento di aggregazione, o di esclusione, valeva soltanto per un piccolo gruppo, aperto però verso gli stranieri. La maggioranza si frequentava prevalentemente tra connazionali. Nelle grandi occasioni, la necessità di fare numero faceva sì che ci trovassimo tutti riuniti senza alcuna distinzione. Io, giovane e libera, appartenevo a una specie rara e potevo muovermi come una specie di jolly.

Alle cene incontravo anche gente brillante, che sapeva molte cose e che le raccontava volentieri. Il mio contributo consisteva nell'ascoltare e far finta di sapere chi aveva scritto che cosa, ridere delle battute anche quando non le capivo, abbuffarmi senza dare nell'occhio e schivare mani maschili, decise ed esplorative.

Tutti conoscevano mio padre, anche se lui frequentava

soltanto i salotti dei suoi amici, tutta gente in gamba dei cantieri e grandi bevitori. Papà era molto stimato come lavoratore; le altre sue caratteristiche parevano un dettaglio trascurabile, come se il sudore della fronte assolvesse da qualsiasi peccato.

In più occasioni mi capitò di ascoltare le confidenze di alcuni invitati su una persona di mia conoscenza. La sospettavano di essere stato un nazista di rango perché, nonostante fosse avanti con gli anni, non si decideva a tornare in patria. Si mormorava anche, in ambasciata, che rientrando in Germania avrebbe corso il rischio di essere arrestato. Per quello che ne sapevo, il sospettato era una persona molto gentile, a volte esasperatamente ironica, che amava guadagnare soldi e spenderli, bere whisky, vivere in Afghanistan e farsi i fatti suoi.

Una sera trovai il coraggio d'intervenire in sua difesa e dissi: «Sarà stato nazista come lo erano tutti. Voi eravate forse degli oppositori del regime?» Non l'avessi mai detto: mi guardarono come se soltanto in quel momento si fossero accorti di avere accolto in casa un'imbecille. Avevo fatto qualcosa che non dovevo fare: girare il dito in una piaga automedicata e incerottata in modo tale che nessuno la vedesse. Mi spiegarono che in Germania nessuno sapeva niente di campi di sterminio e che la cosa più saggia sarebbe stata quella di dimenticare poiché avevano già sofferto abbastanza.

Massacrandomi le mani nascoste in grembo, finii per sorridere compassionevolmente alle vittime del nazismo sedute intorno a me. Sentivo la rabbia salirmi dentro e non riuscii più a seguire la conversazione. È paradossale, pensai, vogliono dimenticare quello che non sapevano. E coloro che sapevano, possono dimenticare? Ero furiosa contro me stessa per aver lasciato sfuggire il momento in cui avrei potuto domandare a qualcuno di loro se avesse mai avuto un compagno di scuola o un amico che all'improvviso era sparito nel nulla. Invece di stare lì come una stupida, avrei dovuto chiedere che cosa si prova a guardare negli occhi una persona spaventata, costretta a lasciare senza ragione la propria casa.

Sentivo molto forte il bisogno di un loro pentimento. E se la mancanza di rimorsi fosse stata tutta una finzione? Forse ognuno aveva un suo bambino che piangeva durante la notte. Strinsi i pugni e dovetti trattenermi dal gridare: Dai, bambino, continua a piangere, non permettere che se la cavino così facilmente.

Grazie al contributo del mio amico afgano avevo finalmente compreso quali fossero stati gli ideali del nazionalsocialismo hitleriano e quanto fossero stati condivisi dalla maggioranza della popolazione tedesca. I miei incubi e la sensazione che ogni persona intorno a me avesse qualcosa da nascondere cominciavano a completare un quadro che si presentava sempre più spaventoso. Sentivo che l'ombra del passato si stava estendendo sulla mia testa.

A Kabul, che nel 1956 era una capitale relativamente piccola, avevano sede ambasciate e delegazioni di tutti i Paesi, imprese di costruzione importanti e società commerciali internazionali, perciò le occasioni di incontro con persone interessanti provenienti da tutte le parti del mondo non mancavano. Alcuni di loro, quando venivano a sapere che ero tedesca, ci tenevano a farmi capire che non facevano di tutta l'erba un fascio. Altri, invece, erano attratti dalla mia nazionalità.

Arrivando in Afghanistan, mi ritrovai in un ambiente cosmopolita, culturalmente e socialmente molto diverso da quello da cui provenivo. Durante uno dei frequenti ricevimenti, mi avvicinai a uno dei capannelli in cui si stava discutendo animatamente di una certa Madame Bovary. Non avendo la più pallida idea di chi fosse, alla domanda rivoltami più che altro per cortesia su che cosa ne pensassi, sentii il terreno sprofondare sotto i piedi e il mio cocktail analcolico oscillò nel bicchiere.

Situazioni del genere non facevano che rafforzare il mio già ben sviluppato complesso d'origine. E a esso non tardò ad aggiungersi quello di appartenenza a un popolo che ritenevo marchiato per sempre. Volevo sfuggire ai pregiudizi altrui, che esistevano soprattutto nella mia mente sospettosa e contorta. Cominciai così a provare un fortissimo rifiuto verso la comunità tedesca residente a Kabul, che giudicavo troppo menefreghista e arrogante. Per me, la guerra con i suoi orrori non era ancora terminata, per loro era già preistoria.

Quando in casa di un amico americano mi presentarono un giovane architetto italiano che lavorava come consulente al Ministero dei Lavori Pubblici (un anno dopo sarebbe diventato mio marito), sbottai: «Sì, sono tedesca, ma ho quasi sempre vissuto all'estero!»

L'incontro più importante della mia vita è avvenuto sotto l'ombrello di una bugia, la stessa sciocca bugia che spacciavo quando cercavo di prendere le distanze dal passato.

39

Erano passati cinque mesi dal mio arrivo a Kabul, quando fui invitata da conoscenti di papà per un tè a casa loro. Mio padre mi aveva già parlato in precedenza di questa famiglia che non amava la vita mondana, e infatti non li conoscevo. La mamma, come al solito, aveva declinato l'invito e così andammo noi due soli.

Strada facendo, dovetti sorbirmi tante di quelle raccomandazioni che ebbi la sensazione di aver ottenuto un'udienza invece di un invito per una chiacchierata in famiglia. Sembrava importante per papà che facessi bella figura e mi esortava a non lasciarmi sfuggire una delle mie sconsiderate sparate, o a non chiudermi in un ostinato silenzio. Era un padre orgoglioso, gli piaceva portarmi con sé e i suoi occhi brillavano quando mi facevano dei complimenti. Lo tranquillizzai. «Farò la brava», gli dissi, «se mi prometti di non bere. E se te lo offrono, di' loro che non sei abituato a bere durante il giorno.» Mi venne da ridere perché mi era tornata in mente la scena quando da bambini giocavamo a fare le signore, nella nostra casetta costruita sulle macerie di Wesel. Mentre cercavo di raccontarglielo, mi prese una ridarella e dovetti fermarmi per riprendere fiato.

Non avevo dubbi che quell'incontro sarebbe stato diverso da altri avuti in precedenza con amici di papà. In quelle occasioni mi raccomandava soltanto di essere gentile, poiché andavamo a trovare della brava gente e di non farci caso se alzavano un po' il gomito.

La temperatura era ancora estiva e così mi ritrovai comodamente seduta in un bel giardino, con una tazza di tè in mano e il sospetto nel cuore. L'affabilità dei padroni di casa e una torta squisita fecero miracoli e presto sentii calare la tensione. Il padrone di casa era sulla cinquantina, non molto alto e con un fisico massiccio. Sua moglie, anche lei piuttosto ben nutrita, portava un vestito aderente che tendeva ad accorciarsi quando si metteva seduta. Allarmata notai lo sguardo di papà che andava continuamente a posarsi su quelle cosce diafane. I due ragazzi di circa dieci e dodici anni, con i capelli bagnati e la riga da un lato, sembravano muti: due manichini ben addestrati che sorridevano timidamente, coscienti di dover rimanere con noi per rappresentare meglio il quadretto della famiglia tedesca per bene. Ben educati sembravano anche i due cani pastore che, pigramente sdraiati per terra e con le fauci spalancate, seguivano con lo sguardo ogni movimento del loro padrone. Ma quella lunga lingua penzolante non se la mordono mai? mi chiesi. Parevano in attesa di ordini, ma lui era distratto e non si curava di loro.

Quell'uomo non mi piaceva, nulla mi andava a genio di quella famiglia cerimoniosa. Ancora meno mi piaceva l'atteggiamento reverenziale di papà nei loro confronti. Stentavo a riconoscerlo in quella veste quasi da subordinato, lui che mal tollerava di passare in seconda linea.

Non ebbi nemmeno il tempo di sgarrare perché la mia attenzione fu catturata dal padrone di casa che, dotato di un'eloquenza irresistibile, mi raccontò la storia dell'Afghanistan fin dalle origini. Appresi con grande meraviglia che afgani e tedeschi erano ariani e che ancora oggi gli uni stimavano molto l'operato degli altri. Che stupida che sono, pensai, anche sugli aerei della compagnia di bandiera c'era scritto « Ariana Airlines ». Ecco perché Ruhola, ariano pure lui, era sempre molto vago nel condannare l'ideologia nazista. E io che pensavo lo facesse per un riguardo nei miei confronti.

Cercai di ricordare se nel mio bagaglio scolastico tra Visigoti, Ostrogoti, Vandali e Unni ci fossero anche degli ariani. Dovevano averli cancellati dal programma scolastico, perché gli insegnanti erano sicuramente gli stessi che prima e durante la guerra non avevano fatto altro che parlare della razza ariana.

Quel pomeriggio la mia ignoranza procurò grande soddisfazione al padrone di casa. La possibilità di seminare il sapere su un terreno tanto vergine come il mio lo esaltava. I suoi occhi brillavano di autostima, mentre quelli di papà erano concentrati a perforare il vestito sempre più corto della signora. Dopo le erudite divagazioni storiche, il padrone di casa cominciò a prendere in esame il futuro: precisamente il mio che, grazie a lui e attraverso canali privilegiati, avrebbe potuto essere brillante. Quell'inaspettato interesse per il mio avvenire mi fece capire che il nostro incontro doveva essere stato promosso da papà. Non mi piaceva fare la figura della postulante e mi guardai in giro seccata, pensando: Sarò ignorante ma non sono scema, non lascerò incasinare da papà anche il mio futuro.

Improvvisamente le due belve si avvicinarono alla mia poltrona, fissando minacciose la tazza che tenevo in mano, e prontamente arrivò l'urlo del padrone che li richiamava all'ordine.

Fu come se una scossa elettrica mi avesse attraversato il corpo e in quell'attimo ebbi la visione del padrone di casa in uniforme che percorreva il corridoio della stalla della caserma di Lubln.

Il tè caldo rovesciato sul vestito mi riportò al presente e, stordita dalla forte emozione, balbettai le mie scuse. L'amico di papà era scattato in piedi e mi stava guardando con gli occhi spalancati. Ebbi la netta sensazione che la memoria avesse catapultato entrambi nello stesso luogo.

«No, grazie», risposi come un automa quando sua moglie mi offrì un altro tè. La fugace immagine della stalla mi era parsa così vera che avevo la sensazione di sentire ancora il peso della sabbia umida che mi si era incollata alle scarpe. Da quel giorno in caserma, di corse folli ne avevo sognate tante ed era stato sempre quel maledetto peso ai piedi a impedirmi di raggiungere la salvezza. Soltanto il risveglio mi salvava da quella orribile cosa che si nascondeva tra i granelli.

Ero esausta. Stavo vivendo contemporaneamente due momenti diversi della mia vita. La testa aveva cominciato a farmi male e quando lo sguardo cadde sui resti della torta avvertii un senso di nausea.

Finalmente tutti si alzarono e io, salutando la padrona di casa, promisi che sarei tornata a trovarla. Il marito ci accompagnò sino alla strada dove ci stringemmo la mano. Mi accorsi che la sua era bagnata. Papà si allontanò in fretta dicendomi che ci saremmo visti all'ora di cena. Il suo amico era rimasto fermo al cancello e notai che mi osservava mentre mi allontanavo.

Il sole stava per tramontare; in fondo alla strada un asinello trotterellando portava il suo padrone a casa e nel canaletto cominciava a scorrere l'acqua per l'irrigazione dei giardini. Prima d'imboccare la strada che portava verso casa, mi voltai per l'ultima volta e in quell'istante vidi i cani lanciarsi verso di me. Persi la testa e cominciai a correre come impazzita. Ansimante raggiunsi il cancello di casa e, soltanto dopo averlo chiuso alle mie spalle, provai una fitta lancinante al fianco destro. Ancora piegata in due pensai: Speriamo che quel nazista di merda non si sia accorto di nulla. Zia Clara aveva ragione, i nazisti erano ancora tra noi e in quel momento uno di loro forse stava ridendo di me.

Mi raddrizzai e con passo deciso andai al cancello, lo aprii e guardai fuori. In strada non c'era un'anima, nemmeno un cane.

Epilogo

Volevo parlare del silenzio postbellico intorno a me, e avevo considerato concluso il mio racconto con l'episodio del tè che mi ero versata sul vestito nel giardino di un nazista non pentito.

Da quel momento in poi, grazie al lavoro e a nuovi incontri, la mia vita cambiò radicalmente. Ma, come saggiamente mi ha fatto notare mia nipote Francesca, il lettore questo non lo sa. «Che fine ha fatto tuo padre?» mi ha domandato restituendomi il manoscritto che le avevo dato da leggere.

Non ho più rivisto quell'uomo, né parlato di lui con mio padre che, ne sono certa, quella sera tornò a casa barcollando. Oggi non sono affatto sicura che si tratti della stessa persona che da bambina mi aveva causato tanta paura. Forse sono ripiombata nel passato per quell'urlo che mi fece gelare il sangue nelle vene. Eppure, ancor oggi sono convinta che i due si conoscessero, che le loro strade si fossero incrociate da qualche parte molto prima dell'Afghanistan. O si trattava soltanto di un percorso ideologico che i due avevano compiuto insieme? Che in Afghanistan vi fossero dei nazisti era un fatto noto anche alla piccola comunità ebraica residente a Kabul. Quanto fosse nutrito quel gruppo, o se godesse della protezione afgana, è un aspetto che riguarda gli storici.

Nel 1961 mia madre scappò dall'Afghanistan insieme all'uomo di cui si era innamorata. Per alcuni mesi, vagarono per il Pakistan e poi approdarono in Sudafrica, dove avviarono, con successo, un'attività commerciale.

Mio padre era furioso e tentò in tutti i modi di ritrovarla, rivolgendosi anche alla polizia internazionale. A quel tempo vivevo già in Italia, sposata con l'architetto di Milano conosciuto a Kabul. Renate, come me preoccupata che lui potesse rintracciarla, mi teneva informata. Era l'unica a sapere dove si trovava la mamma.

Un paio di anni più tardi, mio padre ottenne il divorzio e si risposò con una donna tedesca conosciuta per corrispondenza. Vissero ancora per alcuni anni in Afghanistan e poi, sempre per lavoro, si trasferirono nel Sultanato di Oman.

Nel 1972 mia madre morì in Sudafrica, consumata da un tumore diagnosticato troppo tardi.

Nel 1975, mio padre rientrò insieme alla moglie in Germania, dove vissero fino al 1986, quando lui morì.

Alla fine degli anni Settanta andai a fargli visita, trascinando mia sorella Eva con me. Anche lei aveva sposato un architetto italiano e viveva a Milano.

Papà, aprendo la porta del suo appartamento e trovandosi di fronte Eva, dovette aggrapparsi alla maniglia, come se avesse visto un fantasma. Infatti la somiglianza tra Eva e la mamma era davvero impressionante. Elsbeth, sua moglie, ci accolse con una gioia che mi parve sincera. Non avevo dubbi che il più fortunato in quel matrimonio fosse mio padre.

Andammo a dormire presto, nella camera degli ospiti, ed eravamo già a letto quando Eva scoprì di non avere sonno.

Era eccitata e cominciò a scherzare sulla pianta tropicale che partendo dal vaso di terracotta e arrampicandosi sul muro aveva già compiuto il giro della stanza e stava per ricongiungersi alle proprie radici. «Stanotte ci strangolerà», e giù a ridere come quando eravamo bambine.

All'indomani dormivamo ancora profondamente, quando mio padre bussò energicamente alla nostra porta per svegliarci. Eva saltò giù dal letto e cominciò a dimenare le braccia come se volesse difendersi da qualcosa nell'aria. Si ricompose subito e guardandomi imbarazzata disse: «Che spavento, per un momento ho creduto di essere tornata bambina».

Passammo due giorni in un'atmosfera piuttosto formale, evitando di parlare del passato e quindi anche della mamma. Di quel passato, Elsbeth non faceva parte ed ebbi l'impressione che ignorasse che genere di marito e di papà mio padre fosse stato prima di conoscerlo.

L'ultima volta che l'ho visto è stato a Monaco, in casa di Renate. Avevano passato le feste di Natale e Capodanno insieme e quando li raggiunsi la tensione fra Renate ed Elsbeth era palpabile. Per loro, entrambe dotate di un bel caratterino, era scaduto il tempo massimo di sopportazione. Mio padre, nella sua nuova veste di pacificatore, diceva alla moglie di lasciare in pace mia sorella. A me pareva che fosse Renate quella che approfittava di ogni occasione per provocare la povera Elsbeth. Mi nacque il sospetto che il movente dell'ostilità di mia sorella andasse cercato molto lontano nel tempo e nello spazio.

Anni prima, quando la mamma aveva cominciato a star male, Renate era volata a Durban, per poi assisterla fino alla fine. Per mesi era rimasta accanto a lei e alla sua sofferen-

za, da sola. Il compagno di mamma aveva completamente perso la testa e Renate dovette occuparsi anche di lui.

In certi momenti particolarmente dolorosi c'è chi perde la fede e chi la trova, ma c'è anche chi ha bisogno di individuare un colpevole su cui scaricare le proprie frustrazioni. Renate trovò Elsbeth, un bersaglio meno pericoloso di papà, colpevole di rendere serena la vecchiaia a colui che riteneva l'unico vero responsabile di tutte le disgrazie che avevano colpito nostra madre.

Io, al contrario, ero irritata dall'atteggiamento da uomo mite e in pace con la propria coscienza che mio padre metteva in mostra. Quello che conoscevo dei suoi trascorsi mi impediva di credergli. Così come non mi abbindolava la sua ostentata sobrietà. Più volte lo colsi mentre frugava negli armadi del soggiorno, dove Renate, sempre previdente, aveva fatto sparire le bottiglie.

Per me era l'ultimo giorno a Monaco, l'indomani avrei preso il treno per rientrare a Milano. Chiesi a mio padre se voleva accompagnarmi a visitare il campo di Dachau. Nonostante fosse nevicato tutta la notte, non seppe trovare scuse e acconsentì di buon grado. Non so quale turbamento avrei voluto leggere nei suoi occhi, ma certamente non mi aspettavo che nulla trasparisse. Maledizione, pensai, non ti ho mica chiesto di accompagnarmi a visitare il municipio di Monaco.

Dopo colazione uscimmo di casa, seguiti dallo sguardo di Elsbeth che pareva volesse fulminarmi. Nessuno aveva osato opporsi, tutti si comportavano come se fossero costretti a soddisfare i desideri di una squilibrata.

Durante il tragitto, mio padre rimase tranquillo; in appa-

renza non aveva problemi a visitare un luogo dove erano stati commessi crimini di cui anche lui era responsabile.

Nella mia mente scorrevano le immagini di esseri umani spinti brutalmente nei carri bestiame di un treno senza fine, di scheletri vivi aggrappati al filo spinato di un campo di sterminio e di cadaveri che, gettati uno sull'altro, giacevano nudi in una grande fossa.

Gli stessi documentari mostravano un popolo che osannava il Führer, e ogni volta avevo temuto di riconoscere il volto di mia madre tra la folla.

Se fossi nata qualche anno prima, mi sarei trovata anch'io tra coloro che applaudivano quel mostro con i baffetti neri? Come avrei reagito se una compagna di classe fosse stata cacciata dalla scuola perché ebrea? Avrei saputo resistere alla martellante propaganda nazionalsocialista e conservare la mia dignità di persona?

In quel momento, accanto a me sedeva un uomo, mio padre, che si era lasciato trascinare in quell'abisso e io ignoravo – e ignoro – fino a che punto. Il nostro viaggio a Dachau non voleva essere una spedizione punitiva, il mio desiderio era soltanto quello di aiutarlo a chiedere perdono. Una sua lacrima mi avrebbe fatto guardare al futuro con più fiducia.

Nell'ultimo tratto mio padre divenne silenzioso e quando la macchina si arrestò all'entrata del campo di concentramento nazista uscì affannosamente dalla vettura. Attese che l'auto si allontanasse e poi, tenendo lo sguardo fisso per terra, mi disse: « Vai tu, io non posso, ti aspetto qui fuori ».

Mi allontanai e, ironia della sorte, invece che piangere per le vittime che mi accingevo a onorare, piansi per un loro persecutore.

ESPERIENZE

Testimonianze di vita autentiche

1. Christel e Isabell Zachert, *Ci vediamo nel mio Paradiso* (6ª ediz.)
2. Torey L. Hayden, *Una bambina e gli spettri* (6ª ediz.)
3. Laura De Luca, *Vuota per sempre*
4. Carol Schaefer, *L'altra madre* (2ª ediz.)
5. Ursula Barzaghi, *Senza vergogna* (2ª ediz.)
6. Kay Redfield Jamison, *Una mente inquieta* (3ª ediz.)
7. Jean-Dominique Bauby, *Lo scafandro e la farfalla*
8. Rosangela Percoco, *Nato da un aquilone bianco* (2ª ediz.)
9. Stefania Chiusoli, *Quasi tutto ancora da vivere*
10. Lukas, *Quattro anni all'inferno* (2ª ediz.)
11. Torey L. Hayden, *Come in una gabbia* (3ª ediz.)
12. Mavi Mohr, *Un elefante mi ha preso per mano*
13. Ruth Picardie, *Due o tre cose prima di andarmene* (2ª ediz.)
14. Torey L. Hayden, *Figli di nessuno* (5ª ediz.)
15. Marya Hornbacher, *Sprecata* (3ª ediz.)
16. Susanna Kaysen, *La ragazza interrotta* (4ª ediz.)
17. Christopher Reeve, *Sempre io*
18. Eva-Maria Sanders, *Vivere* (2ª ediz.)
19. Laura Jaffé, *Max è importante*
20. Sarah Saffian, *Itaca*
21. Kirsten Kuhnert, *Ogni giorno un piccolo miracolo* (2ª ediz.)
22. Richard F. Miniter, *Le cose che voglio di più*
23. Louise Longo, *Mia figlia dorme nel mare*
24. Tim Guénard, *Più forte dell'odio*
25. Hannah Merker, *In ascolto*
26. Barbara Samson, *Quando il primo amore uccide*
27. Hirotada Ototake, *Nessuno è perfetto*
28. Sigrid Schäfer, *Vi ho amato tutti così tanto*
29. Dan Savage, *Due uomini e una culla*
30. Torey L. Hayden, *Una di loro*
31. Dan Shapiro, *L'erba di mamma*
32. Mireille Makampé, *Per colpa di mio padre*
33. Richard Picciotto, *Ultimo a uscire*
34. Debra Ginsberg, *Mio figlio Blaze*
35. Torey L. Hayden, *Una bambina*
36. Michael J. Fox, *Lucky Man*
37. Judith Uyterlinde, *Cercasi bambino disperatamente*
38. Anna Sartorio, *L'arca di Nina* (2ª ediz.)
39. Katia Rohde, *La ragazza porcospino*
40. Odelia Ainbinder, Amal Rifa'i, *Vogliamo vivere qui tutt'e due*
41. Lizzie Simon, *Deviazione*
42. James Frey, *In un milione di piccoli pezzi*

ESPERIENZE

UNA STORIA DI CORAGGIO CONTRO L'AIDS

URSULA RÜTTER BARZAGHI
SENZA VERGOGNA

«Ho potuto seguire con un solo occhio l'evolversi della malattia di mio figlio, perché con l'altro ho dovuto vigilare che nessuno gli facesse più male dello stesso virus. Come una tigre mi sono battuta per sconfiggere ciò che poteva essergli nemico sia in me che negli altri, perché il mio cucciolo voleva sorridere fino all'ultimo.»

La storia di una madre che scopre la sieropositività del figlio e con lui affronta la paura, la sofferenza e il dolore, ma anche l'isolamento e la vergogna. Madre e figlio insieme riescono, con il loro amore e la loro forza, a vincere l'insicurezza dei famigliari, l'ostilità degli altri e l'indifferenza del mondo, trasformando una tragedia in una storia di solidarietà e amore.

TEA

ESPERIENZE

STORIE VERE
TESTIMONIANZE DI VITA AUTENTICHE

AMAL RIFA'I, ODELIA AINBINDER SYLKE TEMPEL

VOGLIAMO VIVERE QUI TUTT'E DUE

Un'amicizia difficile a Gerusalemme. Una ragazza palestinese e un'israeliana raccontano cosa significa vivere in una terra contesa e insanguinata dalla guerra e offrono un segnale di speranza per una pace possibile.

Hanno entrambe diciott'anni: Amal è palestinese, Odelia è israeliana. Vivono nella stessa città, Gerusalemme, ma appartengono a mondi diversi. Si sono conosciute in occasione di un viaggio organizzato da «Peace Child Israel» e si sono immediatamente piaciute. Purtroppo, però, la seconda Intifada ha bloccato sul nascere la loro amicizia. Così, quando la giornalista tedesca Sylke Tempel ristabilisce un contatto, le due ragazze sono molto contente e, grazie a lunghe conversazioni e scambi di lettere e e-mail, cominciano a conoscersi meglio e a scoprire cosa le unisce nonostante le differenze. Raccontandosi la propria vita quotidiana, Amal e Odelia esprimono apertamente la propria rabbia, le frustrazioni e le paure, ma parlano anche delle proprie speranze e dei sogni per il futuro. Un resoconto sorprendente e coinvolgente che, senza la pretesa di voler dare giudizi, ci fa capire, semplicemente, cosa significa crescere in Israele oggi.

TEA

Fotocomposizione:
Nuovo Gruppo Grafico s.r.l. - Milano

Finito di stampare
nel mese di gennaio 2004
per conto della TEA S.p.A.
da La Tipografica Varese S.p.A. (VA)
Printed in Italy